婴幼儿脑力发育指南

[南非]麦露迪·德·雅格 / 著
李艳 / 译

青岛出版集团 | 青岛出版社

Original title: Brain Development Milestones and Learning.
Copyright text © Dr Melodie de Jager.
First published by Mind Moves Institute Publishing.
All rights reserved.

The simplified Chinese translation rights arranged through Rightol Media.（本书中文简体版权经由锐拓传媒取得
E-mail: copyright@rightol.com）

山东省版权局著作权合同登记号：图字 15-2021-42

图书在版编目（CIP）数据

婴幼儿脑力发育指南 /（南非）麦露迪·德·雅格著；李艳译. — 青岛：青岛出版社，2022.1
ISBN 978-7-5552-7416-2

Ⅰ.①婴… Ⅱ.①麦…②李… Ⅲ.①婴幼儿—早期教育—指南 Ⅳ.①G61-62

中国版本图书馆CIP数据核字(2021)第227487号

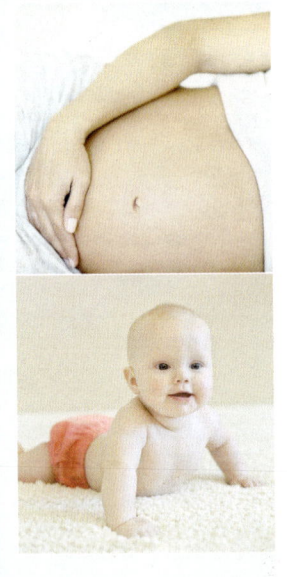

书　　名	婴幼儿脑力发育指南
	YINGYOUER NAOLI FAYU ZHINAN
著　　者	［南非］麦露迪·德·雅格
译　　者	李　艳
出版发行	青岛出版社
社　　址	青岛市崂山区海尔路182号（266061）
本社网址	http://www.qdpub.com
邮购电话	0532- 68068091
策划编辑	周鸿媛　王　宁
责任编辑	刘百玉
封面设计	丁文娟
制　　版	青岛乐道视觉创意设计有限公司
印　　刷	青岛海蓝印刷有限责任公司
出版日期	2022年1月第1版　2022年1月第1次印刷
开　　本	32开（787毫米×1092毫米）
印　　张	10.25
字　　数	300千
书　　号	ISBN 978-7-5552-7416-2
定　　价	89.00元

编校印装质量、盗版监督服务电话 4006532017　0532-68068050
建议陈设类别：孕产育儿　家庭教育

大脑是我们身上最迷人的器官。父母、教育工作者和整个社会都对孩子脑袋里那全是"皱纹"的宇宙有着巨大的影响,并决定了孩子将来会成为什么样的人。我们有义务帮助孩子,让孩子更好地发育。

利塞·埃利奥特
(Lise Eliot)

> 请注意,在开始任何养育计划之前,建议先咨询专业人士!

前言

对于成年人来说,理解孩子的学习方式和行为方式是很不容易的。尽管我们现在很容易获取各种教育和育儿的知识,但这个问题却没有得到缓解。有的媒体推广的育儿文章和教育方案中,令大人头疼的孩子往往会被贴上很多标签,比如注意缺陷障碍、多动症、肌张力低下、阅读障碍、运动障碍、触觉防御等。

作为一名教师和研究者,我通过多年与婴幼儿及其家人打交道的经验,发现上述令人头疼的问题是可以预防的,并不是只能在出现后进行补救。相比预防,补救是一个漫长的过程,还需要付出高昂的代价,甚至会在以下几个方面对孩子造成伤害:

·自我认知;

·自信心;

·自我价值。

研究表明，纯粹从孩子的情感和心理角度分析问题（学习能力差）是错误的。

梅奥诊所（Mayo Clinic）的埃尔默·格林（Elmer Green）说过："生理状态的每一次变化都伴随着精神状态和情绪状态的相应变化，无论是有意识的或无意识的。"这一说法开启了研究孩子学习方式和行为方式的新视角，让研究人员开始对身体本身在学习的过程中发挥的作用进行研究。现在，专业的育婴师已经深谙此道（重视身体发育），神经学家也在继续深入地研究此课题。

孩子的学习能力与其情感发育和所处环境之间有着紧密的联系——孩子的自我认知与被对待的方式是促使他健康发育或对他造成伤害的根源。例如：如果只有取得进步或成功的孩子才会得到他人的认可及赞美，那么没有取得进步或成功的孩子便会失去信心，无法融入这个社会环境。这种沮丧可能会使孩子受到终生伤害，导致他对社会生活的各个方面都失去信心，对成功的期望越来越低。

　　幸运的是，许多孩子能够克服他们遇到的"问题"，最终取得成功甚至大大超出他们自己和他人对他们的期望。这通常是因为这些孩子追求成功的意愿较高，或是他们的身边有慈爱的父母或敬业的老师陪伴，或是在他们人生的关键时刻，有相信他们的人出现并支持他们走下去。这样，这些孩子才能够不断地磨炼自己，提升自己的才智，投身他们感兴趣的领域。

必须说的是，孩子在情感、社交和学习上表现出的问题——或消极或具有攻击性——会对他造成伤害，而伤害的大小往往是由他的父母决定的。父母可以做很多事来帮助他们的孩子，父母应在情感上、身体上和经济上竭尽所能地付出，以赋予孩子脱颖而出、展翅翱翔的力量。

向大师学习

理查德·班德勒（Richard Bandler）、约翰·格林德（John Grinder）、保罗·麦克莱恩（Paul MacLean）、卡拉·汉纳福德（Carla Hannaford）、卡尔·罗格斯（Carl Rogers）、保罗·丹尼森（Paul Dennison）、琼·艾尔斯（Jean Ayres）、彼得·布莱思（Peter Blythe）、萨莉·戈达德·布莱思（Sally Goddard Blythe）、坎迪斯·珀特（Candice Pert）、米歇尔·奥当（Michel Odent）和利塞·埃利奥特（Lise Eliot）……许多前辈学者通过多年的研究发现并指出了神经系统作为人体的"通信网络"在个体的成长过程中所发挥的重要作用，大脑在过滤、处理、存储和检索信息时的作用和肌肉以恰当的方式响应大脑感知到、处理过和检索到的信息时的作用。

预防胜于补救

"预防胜于补救"是一个新理念。2005年,BabyGym研究所在南非成立,旨在研究如何在大脑及整个神经系统发育的最关键时期预防可能的发育缺陷。在BabyGym研究所中,研究人员经常使用专业的词语和复杂的术语来描述神经系统的发育,如增殖、迁移、聚集、分化、突触形成、突触重塑、髓鞘化等。为了使研究成果变得实用、简单,让研究成果可被普通父母参考、使用,研究人员提出了BabyGym计划。BabyGym计划可以定义为通过模仿胚胎在子宫内和孩子出生后第一年内具有的原始反射,来研究婴幼儿大脑及整个神经系统的发育。

发育进步的标志

在BabyGym研究所中,研究人员将"运动里程碑"视为孩子发育进步的标志。胚胎的运动和孩子出生后的运动是培养聪明的大脑、积极的心态和健全的身体所必需的。婴幼儿每到达一个运动里程碑,他的大脑和神经系统的发育都会有明显的提升。但是,每个孩子都是独一无二的,他会按照自己的节奏成长。因此,运动里程碑并不是一个完全固定的标准,它只能表明孩子的大脑和"感觉运动器官"发育的总体趋势。感觉指触觉、嗅觉、味觉、听觉、视觉和平衡感,运动能力指对肌肉的运用。"感觉运动器官"的发育指感官和肌肉的发育情况,以及感官与大脑、肌肉与大脑之间的关联能力。

多学科的研究表明,在孩子的神经系统足够成熟、能够轻松社交和学习之前,高效的"感觉运动器官"和发育完全的大脑是非常必要的。运动里程碑便可作为判断"感觉运动器官"和大脑是否发育成熟的标志。

研究表明,孩子的运动里程碑的"发展史"对其未来的学习能力起着非常重要的作用。

BabyGym计划

BabyGym计划对婴幼儿的发育有着积极的影响。很重要的一点是,BabyGym计划并非加快发育过程,以期孩子早日到达运动里程碑,而是帮助"BabyGym宝贝"(参与BabyGym计划的婴幼儿)在每个发育阶段都能够熟练地做出符合当下阶段的各种各样的动作,表现出当下阶段的婴幼儿应有的能力,并能始终保持与他人坚定的眼神交流。要达到这样的效果,需要父母在孩子可以独立行走之前,每天与他做"BabyGym活动"。

研究表明,坚持BabyGym计划六周就可以帮助人类免疫缺陷病毒(艾滋病病毒)检测呈阳性的婴幼儿实现可量化的进步。另外,通过对数千个案例的研究,我们对患有唐氏综合征或大脑性瘫痪(脑瘫)的婴幼儿进行治疗的信心也大大增加。只要父母和其他照料者按照既定程序与这些孩子做BabyGym活动，孩子在相对较短的时间内就可以取得显著的进步。

为了更深入地了解BabyGym活动对孩子大脑和身体的作用，以及如果跳过了某个运动里程碑（即未完成BabyGym计划的某个阶段），对孩子的大脑和身体的发育会有什么影响，研究人员对原始反射进行了深入研究。彼得·布莱思（Blythe）和戈达德·布莱思（Goddard Blythe）还进行了一系列开创性的研究，将孩子在婴幼儿阶段的发育迟缓问题与几年后他在社会和学习中表现出的问题建立了联系。

Mind Moves计划

为解决南非儿童失学率不断升高的问题，我们又对学龄儿童早期发育迟缓和原始反射异常而导致的学习和行为障碍进行了研究。2006年，与BabyGym研究所类似，专注于研究原始反射的Mind Moves研究所成立。和BabyGym计划中的BabyGym活动类似，Mind Moves计划中也有一系列Mind Moves活动。BabyGym活动与Mind Moves活动之间的区别是：

- BabyGym活动由父母或其他照料者指导孩子完成；
- Mind Moves活动由孩子自己完成。

研究发现，无论是让孩子单独做Mind Moves活动还是让几个孩子一起做，Mind Moves活动都是非常有效的。

育儿指南

我编写这本书是为了让读者能够"观察"到孩子从胚胎到婴儿（不满一岁）再到幼儿（学龄前）阶段大脑成长发育的过程，从而了解运动里程碑对孩子成长发育的意义。孩子的父母或其他照料者应为孩子制定一份实用的育儿计划，充分利用孩子神经系统发育的最关键时期。当然，学龄儿童的父母和老师也应制定一份实用的儿童教育计划，因为很多学龄儿童已经错过了某个或某几个运动里程碑，或者尽管已经到达全部的运动里程碑，但没有按照顺序进行，所以他们仍然会受到原始反射的影响。

《婴幼儿脑力发育指南》不是一本教科书，它是一本实用的育儿指南，可供父母、老师、心理治疗师等参考使用，引导孩子在成长过程中学会学习、爱上学习，从而培养出快乐、聪明、充实的孩子——其实孩子天生如此。

麦露迪·德·雅格

(Melodie de Jager)

要让孩子学习我们想让他学习的东西,必须先让他渴望成功,有学习的动力。因此,孩子早期的学习经历必须是能让他感兴趣、有成就感、感到好玩的。如果孩子的大脑接受了太多枯燥无味的内容,就会对学习失去兴趣,正如如果一个人在某一领域一再遭受打击,就不想再踏进这个领域了一样。

托马斯·希利

(Thomas Healy)

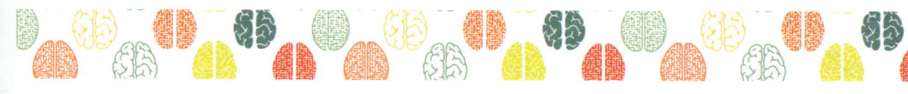

我想谈一谈学习,但不是将那些死气沉沉、枯燥乏味、没有用处、很快会被遗忘的东西以填鸭的方式强行塞进座位上的"可怜虫"的脑袋里那种!我谈论的是这样的学习:被永不满足的好奇心驱使的孩子,孜孜不倦地吸收他所能看到的或听到的所有需要的知识,从而不断地提高大脑的效率和速度。这样的孩子会说:"我正在探索,我正被知识吸引,我想让知识成为我的一部分。"这样的孩子在这样的学习过程中会不断思考,与自己对话:"不,不,这不是我想要的。""等一等,这比较接近我感兴趣和我需要的东西。""啊,就是这样!我终于明白了,我得到了我想要的知识!"

卡尔·罗格斯

(Carl Rogers)

目 录

1 / **第一章 聪明孩子的"配方"**

3 / 调制发育的"配方"

5 / 你与孩子之间的语言

6 / 育儿就像雕塑

7 / 父母的任务

11 / **第二章 孩子的学习方式**

13 / 孩子的大脑发育

15 / 外部感觉

18 / 内部感觉

20 / 绘制地图

23 / 神经连接

25 / 学习

27 / **第三章 备孕期及孕期**

29 / 备孕

30 / 备孕身体检查清单

31 / 备孕女性身体状况对照清单

32 / 备孕饮食对照清单

33 / 孕期增重

35 / 孕期运动

36 / 孕期运动注意事项

38 / 压力

39 / 压力反应对照

40 / 孕期其他注意事项

43 / **第四章 "看不见的父母"**

45 / 原始反射

47 / 大脑的三个层次

51 / **第五章 分娩对发育的影响**

53 / 自然分娩的好处

55 / 分娩是母亲的本能

56 / 分娩的压力

58 / 预防分娩伤害

59 / **第六章 孩子的"发育蓝图"**

61 / 阿普加（APGAR）评分

62 / 运动

65 / **第七章 本体感觉和触觉**

67 / 皮肤感觉

69 / 退避反射与大脑发育

74 / 让孩子得到安慰

77 / 放松

80 / 保温箱中孩子的护理方式

84 / 触觉发育不良的表现

86 / 能够促进触觉发育的 BabyGym 活动

87 / 能够促进触觉发育的 Mind Moves 的活动

89 / **第八章 内部感觉和身体地图**

91 / 大脑的分工

92 / 莫罗反射与身体发育

93 / 莫罗反射与大脑发育

96 / 莫罗反射与内部感觉

99 / 内部感觉与活动

101 / 内部感觉不活跃的表现

103 / 内部感觉发育不良的表现

105 / 能够促进内部感觉发育的 BabyGym 活动

107 / 能够促进内部感觉发育的 Mind Moves 活动

111 / **第九章 嗅觉和味觉**

113 / 嗅觉和味觉

117 / 觅食反射和吮吸反射

119 / 第一次哺乳

122 / 父亲要做的事

123 / 觅食反射、吮吸反射与大脑发育

126 / 三岁及三岁以上幼儿嗅觉、味觉发育不良的表现

128 / 能够促进嗅觉和味觉发育的 BabyGym 活动

130 / 能够促进嗅觉和味觉发育的 Mind Moves 活动

133 / **第十章　听觉**

135 / 听觉的发育

137 / "母语"

138 / 刺激听觉发育

140 / 听觉的重要性

142 / 失聪

144 / 紧张性迷路反射（TLR）与孩子的发育

148 / 三岁及三岁以上幼儿听觉发育不良的表现

150 / 能够促进听觉发育的 BabyGym 活动

152 / 能够促进听觉发育的 Mind Moves 活动

155 / **第十一章　视觉**

157 / 眼睛与视觉的发育

158 / 两种视觉

160 / 孩子看世界的方式

162 / 两只眼睛的团队合作

163 / 感觉性大脑和思维性大脑

165 / 非对称性紧张性颈反射（ATNR）

168 / 非对称性紧张性颈反射与头部活动

169 / 非对称性紧张性颈反射与翻身

170 / 非对称性紧张性颈反射与绘制地图

171 / 三岁及三岁以上幼儿视觉发育不良的表现

173 / 能够促进视觉发育的 BabyGym 活动

176 / 能够促进视觉发育的 Mind Moves 活动

177 / **第十二章　运动里程碑**

179 / 运动里程碑与感官发育

182 / 反射活动与对抗重力

183 / 运动与停止

185 / 运动里程碑是发育的表达方式

187 / 大肌肉运动技能

189 / 精细运动技能

191 / 发育不是比赛

195 / 和父母玩游戏

197 / **第十三章　运动里程碑 1：吮吸——滋养和养育**

199 / 吮吸

200 / 哺乳

203 / 婴儿抚触

204 / 孩子不会含乳的原因

206 / 孩子未到达"吮吸"里程碑的表现

207 / 奶瓶喂养注意事项

208 / 能够提升婴幼儿含乳能力的 BabyGym 活动

209 / 能够帮助未到达"吮吸"里程碑的幼儿追赶发育脚步的 Mind Moves 活动

211 / **第十四章　运动里程碑 2：翻身——左右脑的开发**

213 / 颈部的稳定性

215 / 躯干的稳定性

216 / 躯干的稳定性与视觉

218 / 肌张力

220 / 孩子躯干稳定性差，肌张力低的表现

221 / 能够提升婴幼儿躯干稳定性和肌张力的 BabyGym 活动

222 / 能够提升幼儿躯干稳定性和肌张力的 Mind Moves 活动

223 / "极度活跃"

224 / 翻身

226 / 孩子未到达"翻身"里程碑的影响

227 / 能够提升婴幼儿翻身能力的 BabyGym 活动

228 / 能够帮助未到达"翻身"里程碑的幼儿追赶发育脚步的 Mind Moves 活动

229 / **第十五章　运动里程碑 3：坐立——建立平衡感**

231 / 重力

232 / 平衡

234 / 坐立

235 / 孩子不喜欢坐着的原因

236 / 解放双手

238 / 三岁及三岁以上幼儿平衡感发育不良的表现

240 / 能够提升婴幼儿坐立能力的 BabyGym 活动

241 / 能够帮助未到达"坐立"里程碑的幼儿追赶发育脚步的 Mind Moves 活动

243 / 第十六章　运动里程碑 4：爬行——向自由前进

245 / 爬行的重要性

247 / 行进、姿势控制和平衡

250 / 爬行和身体中线

251 / 爬行和空间定向

252 / 爬行和视觉

253 / 爬行和情商、智商

254 / 从握拳到抓握

255 / 拿起、放下和钳夹

258 / 错误的爬行姿势

260 / 过度保护

261 / 孩子未到达"爬行"里程碑的表现

262 / 孩子未到达"爬行"里程碑的影响

263 / 能够提升婴幼儿爬行能力的 BabyGym 活动

264 / 能够帮助未到达"爬行"里程碑的幼儿追赶发育脚步的 Mind Moves 活动

267 / 第十七章　运动里程碑 5-1：站立、蹒跚学步和行走 ——来到新高度

269 / 运动里程碑与上学准备

270 / 直立与语言能力

271 / 保持直立

272 / 从站立到行走

276 / 孩子未到达"行走"里程碑的原因

277 / 孩子未到达"行走"里程碑的影响

278 / 能够提升婴幼儿站立和行走能力的 BabyGym 活动

279 / 能够帮助未到达"站立"里程碑的幼儿追赶发育脚步的 Mind Moves 活动

281 / **第十八章　运动里程碑 5-2：行走、停止和社交**
　　　　　——告别婴幼儿时期

283 / 停止的重要性

285 / 孩子的社会化

286 / 从"我"到"我们"

290 / 互动是情感和社会性发展的关键

291 / 开始说话

293 / 三岁及三岁以上幼儿停止或社交能力不足的表现

294 / 孩子停止或社交能力不足的影响

295 / 能够提升婴幼儿的界限意识和社交能力的 BabyGym 活动

296 / 能够帮助幼儿学会停止的 Mind Moves 活动

299 / 能够提升幼儿社交能力的 Mind Moves 活动

301 / 参考文献

304 / 感谢

第一章
聪明孩子的"配方"

所有的父母都希望自己的孩子聪明、健康。

当你想生一个孩子时，一定会想象出一个咿呀学语、人人喜欢的健康、快乐的孩子的形象。同样，孩子越是聪明、可爱，你与他的互动就会越多，这些互动包括眼神交流、触摸、玩耍、交谈、教授技能等。而处在这样的环境中的孩子，又会被自己的笑声和你给予的闪亮的眼神、热烈的掌声激励，从而形成积极的自我认知。这便形成了一个良性的发育过程。

你与孩子之间的眼神交流，你对他的抚摸、喂养，你为他更换尿布，你与他玩耍、交谈……你做这些事情的时间都可以被称为孩子的发育时间。

> 发育时间指父母和孩子进行重点接触的时间，是父母充满爱意地、温柔地、尽可能多地唤醒孩子的感官和肌肉，刺激他的大脑的各个部分，让他接触周围的世界的过程。
>
> 阿德里亚诺·米拉尼·孔帕雷蒂
> （Adriano Milani Comparetti）

调制发育的"配方"

孩子出生后面对的是一个陌生的世界。在母亲的子宫里时,他需要适应在子宫中的生活;而出生后,他需要学会如何使用感官、肌肉和大脑去发现、征服他所处的世界——作为一个"人"活着所需要面对的世界。另外,在孩子的一生中,他还需要用他的感官、肌肉和大脑来理解许多"其他世界"——文化世界、交友世界、学校世界、体育世界等。最后,这些世界融合成他的"大世界",并定义他的生活。

研究发现,孩子在婴幼儿时期的生活过程就像在调制一份"配方"——一件他征服"大世界"时会用到的"武器"。而这份"配方"会像"厨神"配制的一样完美,还是像新手主妇配制的一样,需要经历失败并不断尝试才能逐步完善,完全取决于孩子在婴幼儿时期的生活。

> 作为母亲,你需要的是对成功的渴望,这会激发你内心的某些东西,引导你并提示你去做对自己的孩子最有利的事情。你内心的"某些东西"就是你的直觉,我们将它叫作"妈咪大脑"。"妈咪大脑"是母亲天生的智慧,虽然你不了解有关育儿的所有的事,但它会引导你朝着正确的方向去做。

孩子刚出生的那一刻，一定会被子宫外的世界震撼。你也会因为手中抱着一个生命而震撼并产生敬畏之情。作为孩子的父亲或母亲，当你第一次抱起刚出生的孩子时，你会意识到自己走入了一个陌生的世界——育儿世界。在这个世界中，你的感受会非常丰富——敬畏、精疲力竭、无助、自信、兴奋、忧虑……

初次见到孩子时感到准备不足是很正常的，你还会在孩子的成长过程中经常感到准备不足，这都是很正常的。你只需要：

· 记住你是他最亲近的人（母亲或父亲）；

· 认为他是有史以来最漂亮、最可爱的孩子；

· 相信他会成为一个坚强、聪明、善良的人；

· 相信他的聪明才智会对世界产生巨大的影响。

作为孩子的父亲或母亲，你是这个小家伙儿的塑造者——你的思想、情感和行为会将他塑造成他将要成为的人。==你和环境会共同配制出这份"配方"。==希望这不会让你对自己面临的巨大责任感到忧虑。放心吧，你一定能做到的！

你与孩子之间的语言

作为母亲,你可能还不知道,在你怀孕的40周左右的时间里,你和你的孩子已经开发出了你们自己的语言——一种其他人都听不懂的语言。它可能是这样的:"妈妈,我不喜欢你刚刚吃的东西,这会让我肚子疼。"也可能是:"妈妈,别这样坐着或躺着,这样会挤到我。"还可能是:"这样好舒服,妈妈,你知道吗?我很喜欢你揉肚子!"甚至是:"妈妈,快离开这个嘈杂的商店,我们需要休息一下!"

这种语言源自本能,是你们之间非常特殊和私密的沟通方式,它可以帮助你创造一个对孩子有益的环境。这种语言会让你知道该如何照顾孩子——你会知道孩子哭泣的原因,是他饿了,还是他的尿布湿了?是他觉得周围的气味不好,还是他需要一个拥抱?

> 你的本能引导着你,让你知道该如何照顾孩子。

育儿就像雕塑

你可能会问，育儿和雕塑有什么关系？

在我回答这个问题之前，请你先听这样一个故事：

一个小男孩看着米开朗琪罗用一块巨大的大理石雕刻出一匹马，便问米开朗琪罗："你怎么知道里面有一匹马？"米开朗琪罗回答："我只是把所有看起来不像马的东西都去掉了。"

育儿就是这样，就是要把所有不健康、不快乐和无益于成长的东西去掉。当孩子通过哭泣和动作与你"交谈"时，你要用你的直觉去读懂他，然后去寻求专业人士的帮助。例如：当你发现孩子的哭泣和动作表明他正在痉挛，就去咨询能够帮助他缓解痉挛的人；当你发现他不愿意像平常一样吮吸乳汁时，就去咨询了解哺乳知识的人；当你发现他不哭不闹，过于安静时，就去咨询了解婴幼儿发育知识的人，因为孩子是通过哭泣来表达自己的，不哭并不意味着他是个乖孩子；当你发现他缺乏活力，不怎么活动，嘴唇有点儿发蓝时，不要犹豫，赶紧带他去看儿科医生！

父母的任务

作为母亲,你需要:

· 花时间了解孩子,了解他在"说"什么;

· 花时间与他进行眼神的交流,并在给他洗澡、按摩、穿衣和喂奶时观察他的小身体;

· 花时间好好吃饭并让自己放松下来,以保证自己的身体健康,这样才能保证你的乳汁的质量;

· 花时间与他玩耍、互动,这样可以提升他的思维能力;

· 花时间确保他所处的环境是安全、健康的,让他远离有烟雾、噪声和闪烁灯光的地方,这样他才能好好休息,你也就有时间休息了。

要记住,母亲就是孩子的安全岛。

要成为一位好母亲,你需要多感觉、少思考,多用"妈咪大脑"。作为新晋母亲,你的身体会分泌一些激素,让你从面对新生儿的紧张中放松下来,

> 激素会让你放松下来,使你的直觉更敏锐。

让你的直觉更敏锐。简单来说,你在这个时期的激素分泌会使你更感性,而非更理性。这就是新晋母亲经常行动缓慢、反应迟钝,甚至情绪失控的原因。因此,你最好顺应自己的身体状况,多用"妈咪大脑"去了解孩子。

另外,在孩子出生之前,你就应该逐渐适应与孩子融洽相处了。如果你还是每天早晨六点起来跑步,然后做早餐、打扫房间,例行日常工作,你将无法留出更多的时间去了解孩子。因此,作为准妈妈,你需要为孩子腾出时间,根据他的"作息表"安排自己的时间。这样你才能慢慢地和孩子建立融洽的关系。而一旦你们能够融洽相处,这种生活便会逐渐成为一种习惯。

什么是融洽相处?以一对融洽相处的夫妻为例:你看着他们时,会感觉他们好像在跳舞,他们会一起移动,一起笑,一起向后仰头,然后一起同步向前。"融洽"意味着共享节奏,与对方的活动同步。==与孩子建立融洽的关系,就是与孩子的活动同步,和孩子建立一种对双方都有益的生活节奏==。这种节奏就是习惯,习惯会为你的生活带来秩序感和安全感,让爱与被爱变得更加轻松。

那么,父亲呢?父亲只需要带着钱包,负责扛东西就可以了吗?艾伦·霍斯金(Alan Hosking)在他的书《那些没人告诉新晋父亲的事》(*What Nobody Tells A New Father*)中说:"不是这样的。身为父亲,你也需要花时间陪伴孩子,否则你可能会被排挤、孤立。孩子也需要你,因为你的触感、气味和声音与母亲的不同,这种差异有助于孩子的大脑发育。母亲是孩子的安全岛,而父亲是孩子与岛外世界接触的桥梁。在你的孩子能够自信地走过这座桥,了解外面的世界,了解他周围的人、事、物之前,还有很长一段路程。在这段路程里,父亲与母亲都需要付出足够的时间来陪伴孩子。同时,你对孩子的母亲也很重要,她需要你的力量和清晰的思路,因为她更感性。"

> 父亲,你的孩子也同样需要你,因为你的触感、气味和声音与母亲的不同,这种差异有助于孩子的大脑发育。

第二章
孩子的学习方式

很多人认为孩子是在上学后才开始学习的,其实不然,孩子开始学习的时间要早得多。

女性怀孕几周后,她的孩子在子宫内就开始学习了。孩子先是对触摸做出反应;之后,他会对气味和味道做出反应;再之后他会对声音做出回应。只有视力基本上是在孩子出生后才开始发育的。

研究表明,孩子在七岁前后进入学校并慢慢掌握的阅读、写作和推理能力,其实是在他出生后的14个月内就已经充分发育了的能力!这确实很令人惊讶。

孩子的大脑发育

在子宫内的约 40 周和出生后的前 14 个月是孩子学习生存、成长和发育所需的几乎所有技能的时候。糟糕的是，很多人将长大与成长混为一谈，认为在这段时间内只要喂养好孩子，使孩子保持美丽、健康，保证孩子的安全就万事大吉了。当然，孩子平安长大确实很重要，但这个时期的孩子需要的不仅仅是食物和尿布，他还需要某些刺激来使自己更好地成长发育，以发挥自己的潜能。

填饱孩子的肚子会让孩子长大，而足够的刺激会让他成长并变得聪明。孩子在出生后的 14 个月里需要学习很多东西，需要父母给他提供学习的机会并通过一些刺激来让他学会这些东西。这些刺激就是激活大脑的方法，就是以特定的顺序逐渐轻柔地唤醒孩子的所有感官和肌肉的方法。要知道，无论孩子的大脑有多聪明，都需要灵敏的感官和强壮的肌肉将思想变成行动！

> 以特定的顺序逐渐轻柔地唤醒孩子的所有感官和肌肉，就是在激活孩子的大脑。无论孩子的大脑有多么聪明，都需要灵敏的感官和强壮的肌肉将思想变成行动！

你是否想过这个问题:为什么人类的孩子出生后显得这么无助,而牛羊的孩子出生后不久就很机敏、结实、独立了呢?

这是因为人类的孩子实际上早产了约18个月。"早产"的原因是人类的胎儿太大了,大到母亲难以承受,胎儿的头也太大了,大到难以从母亲的骨盆中出来。不过,虽然是"早产儿",但人类的孩子的大脑已经足够成熟,已经比新生的小牛、小羊的大脑成熟、复杂很多了。

既然如此,为什么人类的孩子发育得如此缓慢呢?

这是因为人类的孩子的大脑需要发育到比小牛、小羊的大脑发达得很多很多的程度。只有这样,人类的大脑才能支配身体做出走路、用勺子吃饭、说话、穿衣打扮、堆砌石块、结交朋友、拒绝他人等这些事。

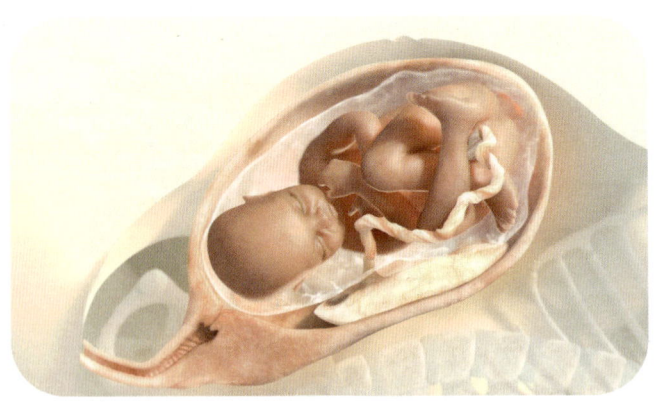

外部感觉

外部感觉指触觉、嗅觉、味觉、听觉和视觉。这些感觉也称为五觉，它们可以让孩子的大脑知道自己身体外所发生的事情。

大脑无法感觉到身体外面的事情，但是皮肤感觉得到；大脑闻不到气味也无法品尝味道，但是鼻子和嘴巴可以；大脑听不到声音，但是耳朵能听到；大脑看不见身体外面的事情，但是眼睛能看到。这些外部感觉会告诉孩子他所在的环境是否危险；告诉孩子尿布是否湿了，是否刺激到了他脆弱的皮肤；告诉孩子一个人是谁，这个人的气味自己是否熟悉；告诉孩子环境声音是否过大……

当母亲带着孩子逛商场时，商场中过多的人、气味、声音和物品就会使孩子的外部感觉过度兴奋。孩子出生后，全家人围上来看新生儿时，孩子的外部感觉也会过度兴奋。因此，孩子会感到不适，会排斥这些环境，会一直哭泣。你看，孩子无法像你一样忽略某些信息，只选择自己想要听到或看到的信息，或者在自己不喜欢的气味出现时离开。因此，所有的气味，所有人对他的触摸以及所有的声音都一股脑儿地"挤"进他的小脑袋里。这对于孩子来说是非常可怕的，他会不堪重负。这时，他就会使用他所知的唯一的方式来表达自己的恐惧和不安——大声哭泣并不规律地挥手、蹬脚。

当孩子太小,无法主动选择接收或忽略外部感觉传来的信息时,就需要一对聪明的父母来为他做出选择。父母不能让过多的信息同时进入孩子的脑袋,虽然灵敏的感官有助于唤醒大脑,但过度刺激是一件坏事,会让孩子的大脑出现"交通堵塞"。因此,如果孩子在进入一个新环境后开始哭泣并不规律地挥手、蹬脚,则表示这里对他来说不是一个好地方。这时,父母需要将孩子带到一个安静的地方,一个他可以感觉到父母、闻到父母的气味并听到父母的声音的地方。当孩子被父母紧紧地抱着,远离复杂的气味、声音、光线和人群时,他就会感到安全,停止哭闹。

同样,当孩子还在母亲的子宫里时,他被羊水包围着,虽然羊水能够帮助他避免过多外部感觉的输入,但他仍然可以微弱地意识到外面发生了什么。在母亲吃了一种味道奇怪的食物,或进入一个嘈杂、拥挤的地方,或在工作中承受着很大压力时,孩子会狠狠地"踢"母亲以引起母亲的注意。

产前刺激

做产前刺激时要特别注意,尤其是将耳机放在肚子上为胎儿播放音乐时。

我在研究中遇到过这样一件事:

一位母亲怀二胎时将耳机放在自己的肚子上,让未出生的孩子聆听优美的音乐。这时,她两岁半的大女儿跑了过来,把耳机从她的肚子上拿开,说:"妈妈,这样太吵了!"这让这位母亲感到疑惑,她的大女儿好像记得她还未出生时听到过音乐,并且觉得音乐的声音很大、很吵。

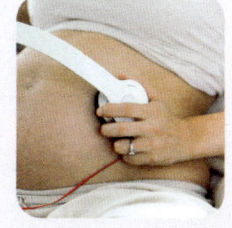

研究表明,胎儿的感官和大脑不足以应对太多刺激,母亲子宫内已有的刺激对孩子来说已经足够了,因此无须有意地对他进行额外的刺激。上述事件中大女儿"认出"了音乐声只是一种偶然地学习,不是有意识地学习或"强迫"学习,这对激活大脑的作用不大。不仅如此,产前刺激还可能加大孩子的压力,而不是提高他的智商。

这个道理其实很好理解,人类的进化已经做出了最好的选择。如果一个人在出生前能够感受到光亮是对他有益的,那么人类的子宫内就会进化出一个"电灯";如果一个人在出生前学会唱歌是对他有益的,那么人类的子宫内就会进化出一套"音箱"。

因此,让孩子在出生前感到被保护、被爱和被接受就足够了。一定要避免过早施压!

内部感觉

除了外部感觉,我们还拥有内部感觉。外部感觉可以帮助孩子了解身体外发生的事情,而内部感觉可以帮助孩子了解自己的身体——自己拥有的身体部位,这些部位所在的位置以及这些部位可以做什么。

你可以通过下面这个例子来区分内部感觉与外部感觉:

当你在一个地方坐了很长时间,脚麻了失去了知觉,你的脚已经感觉不到外来的刺激了,你便失去了脚的外部感觉。这时,你的内部感觉会向大脑发出求救信息:"救命!救命啊!我的脚失去知觉了。"然后,你会用眼睛看着脚,用手轻拍脚,然后尝试站起来,让脚恢复知觉,直到你能够移动你的脚。

内部感觉能够帮助孩子创建自己的"身体地图",而后再创建他周围世界的"世界地图"。孩子需要这样的一系列的地图,才能按图索骥、避开麻烦、发现

> 人只会使用自己感知到的身体部位,如果感知不到某个身体部位,就不会使用这个部位。

和学习新事物。如果没有这些地图，他就找不到乳头，不知道自己是否吃饱了，不会回应他人的声音，也学不会打滚、坐起来、爬行和行走。如果没有些地图，孩子就会迷失，会不断哭泣。

试想一下，如果将你的眼睛蒙住，再开车将你带到一个不熟悉的地方，然后将你绑在一辆即将发动的过山车上，你会有什么样的感觉？你能想象出这种恐惧吗？这种恐惧的状态就像一个人失去了内部感觉时的状态。即使别人对你说一切都很好，但在你安全地回到熟悉的地方，与自己熟悉的人在一起之前，你不会有很好的感觉。

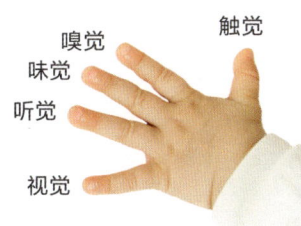

我们可以用手来表示外部感觉和内部感觉。外部感觉直接"触摸"环境。

绘制地图 ••••••••••••••••

人类的身体天生适于运动。

生命早期的经验为未来奠定了基础。

查尔斯·克雷伯斯
(Charles Krebbs)

孩子经历的事情会通过他的内部感觉和外部感觉进入大脑,这些感觉能够帮助他绘制地图,包括关于他的身体和周围世界的丰富的、复杂的地图。在这个过程(绘制地图)中,感官和骨骼肌起着主要作用。如果在绘制地图的过程中出现了问题,导致地图不够准确甚至是出现错误,孩子便很难使用这些地图,这可能导致他发育迟缓,甚至是学习困难。

感官、肌肉和地图互相协作,形成复杂的"定位系统"。 就像全球定位系统一样,好的全球定位系统会准确地找到目标位置,只要有起点和终点就能规划出如何更快地到达目的地。而如果这个系统不够完善,或是系统中的地图没有更新或存在错误,它就无法获取目标位置,或无法规划路线,甚至无法响应指令。同样,如果孩子的"身体地图"或"世界地图"过时、错误,他将无法正常发育，无法顺利地到达各个运动里程碑。（运动里程碑将在第十二至第十八章中详细说明。）

<u>身体地图是按照从头到脚的顺序来绘制的</u>，这意味着孩子会先绘制头部、颈部的地图，最后是双脚的地图。这就是你要在孩子能够走路之前，先加强他脖子的力量的原因，也是人的手总是比脚更敏感、更灵活的原因。同时，身体地图还按照从内到外（即由近端到远端）的顺序绘制，这意味着孩子会先绘制躯干的地图，最后绘制手指、脚趾的地图。有了身体地图，孩子才能意识到身体各部位的位置，并学会使用它们。

如果把身体比作一个指南针，头部是北，脚是南。那么，头部（北方）会首先发育，并决定着身体其余部分（其他方向）的发育，而躯干会比手、脚发育得早。

不过，早发育不代表发育完成得

刚出生的孩子的头的重量大约占体重的25%。

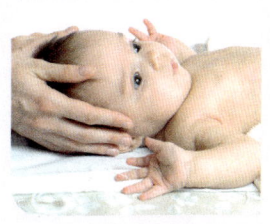

孩子是按照从头到脚、从内到外的顺序绘制身体地图的。

早，有些部位需要很长时间才能发育完成，比如眼睛。眼睛位于头部，比手先发育，但它发育完成大约需要七年的时间。这也是孩子在七岁左右才会去上小学，开始读写的原因。

神经连接

反复刺激可以使神经细胞形成更多突起,从而创建更多、更牢固的神经通路。

孩子不断地使用感官和肌肉,可以激活数十亿细胞和细胞之间的神经通路(又称神经连接),其数量远远多于孩子所需。当孩子一遍又一遍地触摸到、闻到、尝到、听到或看到相同的东西时,大脑会强化相应的细胞和神经连接,去掉不需要的细胞和神经连接,从而创建某种结构和顺序。这个过程就像修剪灌木丛,留下需要的,去除不要的。

髓磷脂

髓磷脂由神经鞘脂结合蛋白质组成,就像绝缘胶带一样,起保护神经细胞和绝缘的作用。它能够加快大脑和脊髓与身体其他部位的神经细胞之间的沟通,促使身体快速地做出反应。

你知道吗?

- 胚胎发育的过程中,神经细胞的增殖速度飞快。
- 神经细胞是神经系统的构造和机能单位,又称神经元。
- 神经细胞由胞体和突起(树突)两部分组成,突起的真正数量取决于神经细胞受到刺激的情况。正常范围内,刺激越多,突起数量越多。

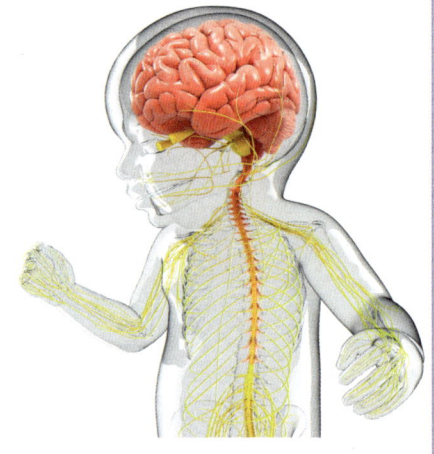

- 神经胶质细胞相当于神经细胞的保姆,可在神经细胞、血管之间进行双向通信。
- 一个成年人的大脑的神经细胞数可达150亿~200亿个。

利塞·埃利奥特

(Lise Eliot)

学习

孩子一出生就会学习吗？答案是肯定的。其实，孩子在母亲的子宫里就开始学习了，但这种学习不是上学后学习功课，比如抽学习卡片或读写那种学习。

胚胎的学习指胚胎在子宫里学习如何使用感官，如何运用肌肉，如何在狭小的空间里绘制身体地图。

婴幼儿的学习指孩子在子宫外学习如何使用感官，如何畅通无阻地活动以探索自己的身体部位及其功能。

孩子在子宫外的活动是一种全新的探索世界的方式，这能够帮助他更新自己在子宫内绘制的身体地图。当孩子适应了子宫外的世界，并开始对周围的世界产生好奇时；当他的肌肉变得强壮并足够协调，能够让他活动起来探索环境时，他就准备好进入"婴幼儿大学"了。

> 正确地刺激感官和肌肉会在大脑和感官、肌肉之间建立联系。
>
> 我们可以通过孩子如何学习（包括生理方面、情感方面、社交方面和智力方面的学习）来判断这些刺激正确与否。

通过不断地重复,孩子能做的事情会不断增多,他的技能会被不断地开发、完善。

莫莉·戴维斯
(Mollie Davies)

在"婴幼儿大学"里,孩子需要创建一幅包含人、事物和环境的"世界地图",并在这所"大学"里玩耍、到达各个运动里程碑、与他人交谈并结交朋友。

第三章
备孕期及孕期

3

女性在备孕期间和怀孕期间照顾好自己比什么都重要，状态良好的母亲可以给孩子的大脑发育一个好的起点。男性在备孕期间也要照顾好自己。

当你准备要孩子时，就要按照本章中的方法照顾自己。如果你已经怀孕或已经生下孩子，那么本章内容对你就没有用了。不过你还是可以了解一下，也许对"下次"会有帮助。

备孕

好的状态可以为孩子提供一个好的开始,因此,最好提前三个月开始备孕。备孕时,你需要整体规划自己的营养摄入情况、健康状况、压力水平和生活方式。男性也同样需要考虑这些。这样做有助于生出健康的孩子,并助其成长为快乐、聪明的孩子。请你花点儿时间仔细阅读本章,并根据各种清单与数据检查自己的身体状况并及时做出调整。本章提供的信息对你未来孩子的质量有着重要影响。

请你助孩子一臂之力!

你知道吗?

- 女性进入青春期后,卵巢中的卵泡发育成熟后会排出卵子,这个过程需要150天以上。
- 一个精子从产生到发育成熟需要90天左右的时间,而且极易受到环境的影响。

齐塔·韦斯特

(Zita West)

备孕身体检查清单

男女双方：孕检	大多数病毒感染都很容易治疗，但是如果不及时治疗，可能会使怀孕变得困难
男女双方：关注家族病史	如果有顾虑，可以进行基因筛查
女方：确定是否对风疹、麻疹病毒具有免疫力，是否感染了巨细胞病毒或人类免疫缺陷病毒（即艾滋病病毒）	女方在怀孕初期得风疹可能会导致孩子失聪或失明
女方：进行子宫颈涂片检查	确定女方是否有癌前病变
女方：筛查是否有贫血、哮喘、高血压、甲状腺功能障碍、糖尿病、癫痫等	如果存在其中任何一种情况，请仔细考虑是否要怀孕，并考虑是否应调整药物以使其对孩子的影响降到最小

备孕女性身体状况对照清单

过瘦或体重过轻	女性过瘦或体重过轻可能导致无法怀孕或胎盘发育不良,进而可能导致孩子宫内发育迟缓(IUGR),甚至可能导致孩子出生后患有精神病或神经病
过胖或体重超重	女性过胖或体重超重可能导致孕期高血压或尿路感染。怀孕期间不宜节食,应在怀孕前就着手减重
营养不良	孕妇营养不良可能导致孩子缺乏营养,甚至可能永久性地损伤孩子的脑功能。因此,备孕女性必须摄入足够的优质食物并在孕期保持下去。食物的质量与数量一样重要

你知道吗?

- 女性在胎儿时期,所有的卵泡就已经形成,出生时大约有200万个,至青春期只剩下大约30万个。女性一生中一般只有400~500个卵泡发育成熟并排卵。也就是说,女性的卵细胞是在其胎儿阶段形成的,此后不能再生。
- 一位健康的年轻男性每天可以产生近一亿个精子,甚至在八十多岁时还能做父亲。

伦纳特·尼尔森

(Lennart Nilson)

备孕饮食对照清单

精加工食品和垃圾食品	想拥有健康的精子和卵子,就必须少食用精加工食品和垃圾食品,避免过多地食用含过量糖、盐和其他食品添加剂的食品,减少饱和脂肪酸的摄入和胆固醇的摄入
抗氧化剂	多吃富含抗氧化剂的食物(如葡萄籽提取物)来抑制自由基导致的氧化反应。自由基是身体新陈代谢的副产品,加工食品、烟草、酒精、药物和环境污染都会促进自由基的产生
新鲜食品	食用新鲜食品而非加工或冷冻食品可以增强免疫力,降低生病的可能性。蛋白质是构成细胞的基本物质,可多食用富含蛋白质的食物。另外,多食用油性鱼类(如三文鱼)可促进未来胎儿眼睛和大脑的发育。酸奶富含钙,鸡蛋和瘦红肉富含铁,黄豆芽和谷物富含糖类、维生素和矿物质,有色新鲜水果和蔬菜富含铁、纤维素和维生素。这些食物都是有益的
水	每天喝至少1.5升饮用水,对身体有好处,注意要全天均匀地喝
叶酸	女性在备孕期间每天服用0.4~0.8毫克叶酸,可以降低未来胎儿发生神经管畸形的概率

孕期增重

女性怀孕期间体重增加的时间与增加的重量同样重要。一般来说,女性孕期增重20%是没有问题的。

孕早期(怀孕第1～12周)

女性怀孕后头三个月吃的食物很重要,因为这段时间是胚胎形成、胎儿器官分化的重要时期。在这个关键时期,因孕妇营养不良而造成的问题是未来无法弥补的。

体重增加:700～1400克。

孕中期(怀孕第13～27周)

孕中期是胎儿骨骼形成的时期,因此孕妇需要摄入大量的钙。

体重增加:350～400克/周。

孕晚期(怀孕第28周及其后)

胎儿的体积在这个时期会增加约一

可以根据身体质量指数(BMI)来估算孕期合理的体重增加量。BMI是体重与身高的平方的比值(kg/m^2)。

怀孕前体重过轻的女性(BMI小于18.5):孕期增重13～18千克。

怀孕前体重正常的女性(BMI在18.5至23.9之间):孕期增重11～16千克。

怀孕前超重的女性(BMI在24至27.9之间):孕期增重7～11千克。

怀孕前肥胖的女性(BMI大于或等于28):孕期增重5～9千克。

卡特·梅高

(Kath Megaw)

注意:亚洲人的BMI标准与国际上的稍有不同,还需询问医生酌情判断。

假如一位孕妇的体重增加了约13.2千克,那么,这些重量可能是这样分布的:
血液增重约1.4千克;
其他体液增重约1.5千克;
储存的能量增重约2.7千克;
乳房增重约0.9千克;
子宫增重约1.5千克;
胎儿体重约3.2千克;
胎盘重量约0.6千克;
羊水重量约1.4千克。

蒂娜·奥特
(Tina Otte)

倍,因此保持充足的营养摄入以满足胎儿对能量的巨大需求至关重要。在怀孕的最后十周里,孕妇摄入充足的蛋白质有助于胎儿组织的形成。

体重增加:350~400克/周。

请注意

- 孕妇食用或接触致畸因子可能导致胚胎畸形。
- 没有用密闭容器保存并存放在冰箱里的肉类和破裂的鸡蛋可能受到沙门氏菌的污染,孕妇吃了后可能患沙门氏菌病(以消化道症状为主要表现的疾病)。
- 生冷的海鲜、冷的熟肉、用未经高温消毒的生乳制作的奶酪等食物比较容易受到李斯特菌的污染,孕妇吃了后可能患李斯特菌病(以急性肠胃炎为主要表现的疾病)。
- 不建议孕妇食用经过精加工的肉和肉酱。

孕期运动

孕妇适合步行和做不负重的运动，如固定自行车和水中运动。女性怀孕后，身体的重心会发生改变，这会改变身体原有的平衡。因此，孕妇最好不要做锻炼柔韧性的运动，因为做这些运动时需要放松关节，这可能导致身体失去平衡。不过进行适量的拉伸以缓解肌肉酸痛是有益的。另外，孕晚期时应避免需要仰卧的运动，因为仰卧可能导致低血压，子宫还可能压迫降主动脉和下腔静脉，进而导致胎儿供血不足。

保持积极的心态是非常重要的，可以让你为分娩和养育孩子做好准备。

蒂娜·奥特（Tina Otte）

孕期运动注意事项

如果有这些情况中的任意一种,请不要运动	流产过三次及以上 胎膜破裂 有早产史 宫颈无力 有出血症状 前置胎盘 有肺部、心脏、脊柱或其他身体部位的疾病
如果运动时出现这些情况中的任意一种,请立刻停止运动	头晕、呼吸急促或恶心 耻骨或关节疼痛 宫缩或阴道流血 胎儿不活动 身体肿胀 视力障碍
孕期运动建议	选择自己喜欢的运动,并将其作为日常生活的一部分 散步、游泳、伸展运动、普拉提和孕期瑜伽都是很好的选择,需要在专业人士指导下进行 不要做与他人有身体接触的运动 运动时的心跳尽量不要超过140次/分钟,绝对不能超过160次/分钟 运动时务必放松心情,呼吸要深入、均衡

孕妇的身体健康、充足的营养摄入、适当的运动和适当的压力都对孩子的大脑发育至关重要。运动可以促使身体释放儿茶酚胺，儿茶酚胺能使心率和血压升高，进而促进血液循环。

孕期运动的益处有很多，包括：

- 增强孕妇的自信心；
- 调节激素分泌；
- 提高体温；
- 增强肌肉力量；
- 保持矿物质平衡和体液平衡；
- 加快身体新陈代谢；
- 消耗过多的能量。

不过，运动需要适量。女性运动过度可能影响生育能力，孕妇运动过度可能影响孩子可利用的氧气量，也可能导致母体过热。胚胎对温度非常敏感，母体升高2℃就会使流产的风险大大升高。

研究表明，进行轻度或中等强度的运动时，大多数胚胎的反应良好。但是，如果孕妇进行剧烈运动，胚胎的心率和呼吸速率就会下降。

另外，环境温度过高也会影响胎儿的发育，因此孕妇最好不要在高温环境下运动，不要用太热的水洗澡，也不要晒日光浴或蒸桑拿，尤其是在孕早期。

压力

孕妇感到压力很大是正常的,毕竟她的身体中正在孕育一个新的生命,但压力过大对孕妇和孩子都有不好的影响,一定要注意控制压力。你可以根据下面的测试来看看自己的压力是否在正常范围内。

	是	否
是否难以入睡?	☐	☐
是否睡不安稳,夜间常醒?	☐	☐
是否觉得很难放松?	☐	☐
是否常感到恶心或消化不良?	☐	☐
是否经常走神?	☐	☐
是否脾气暴躁?	☐	☐
是否一直很烦躁或焦虑?	☐	☐
是否很容易哭?	☐	☐
是否喜欢咖啡、巧克力、香烟、酒精或其他刺激性食物?	☐	☐

如果你有三个或三个以上问题的答案为"是",说明你的压力过大。你可以咨询医生或相关人士,看看自己需要做出哪些改变。

压力反应对照

良性反应	适当的压力能够提高你的灵敏度和肌肉力量,让你在需要的时候及时做出反应。良性反应是短暂的,产生压力后需要放松、恢复
不良反应	压力过大且持续时间过长会使肾上腺素和皮质醇的分泌保持在较高的水平,身体就好像时刻处于准备战斗、僵立或准备逃跑的状态。这时候,如果没有及时放松,你会感到筋疲力尽,甚至会失眠。这样的压力"有毒",会损伤你的免疫系统,使你更容易感到疲劳或生病。另外,孕妇的压力水平会影响孩子的大脑发育,并在一定程度上决定他未来应对压力的方式。如果不加以控制,压力还会导致孕妇流产、早产,或导致孩子腭裂、唇裂,甚至导致孩子出现行为问题或认知障碍

我写下这些内容,既不想让你对怀孕产生畏惧,也不想让你因为自己没做到某一点而内疚,写这些只是为了提醒你,让你关注自己以便做出更明智的决定,做出对孩子更有益的行为。如果你已经怀孕一段时间了,不必为没做到某一点而内疚,因为内疚对孩子无益,放松并尽力而为就好!

孕期其他注意事项

女性怀孕后的二至八周是胚胎的神经管慢慢形成,然后分化出脑和脊髓的过程,这段时间也是孩子最脆弱的时候。然而,许多准爸爸、准妈妈在这段时间里甚至都不知道自己将要成为父母,这就使这段时间变得更危险了。因此,无论男性还是女性,在备孕时就需要时刻保持警惕。

> **你知道吗?**
>
> 女性怀孕三周后,胚胎长约两毫米,被三层细胞包裹着。孩子的所有器官都将在此基础上逐渐形成。
>
> 蓝奈特·尼尔森
> (Lennart Nilsson)

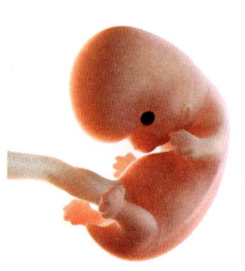

到目前为止,我们介绍了与饮食、运动和压力等有关的事,你可以根据书里的内容判断自己的状况,看看自己需要做出哪些改变。下面还有一些需要注意的事,请仔细阅读。

药物	孕妇服用药物有风险，最好在服用前咨询医生，确保安全
酒精	备孕夫妻最好不要摄入任何酒精，更不可酗酒，孕妇也不能摄入酒精。酗酒可能导致孩子畸形或智力低下，并损伤孩子的眼睛
吸烟	备孕及孕期夫妻请勿吸烟。吸烟会导致孩子体重不足或患肺部疾病。另外，孕妇的每一次抽吸都会限制脐带中的血液流动，使胎儿承受更大的压力
农药	备孕夫妻及孕妇千万不要接触农药。研究表明，使用有机肥料种田的男性的精子数量比使用化学肥料种田的男性的精子的数量高得多。另外，一些农药与女性分泌的激素有相似的特性，可能影响胎儿的生殖系统。因此，备孕夫妻及孕妇食用水果和蔬菜之前必须将其洗净，去除附着在表面的农药
有机溶剂涂料、油基涂料	这些涂料对孕妇是有害的，严重者可能造成孕妇流产或胎儿畸形，因此孕妇最好不接触这些涂料

续表

金属	孕妇要尽可能避免接触铅、汞、镉和铜。铅会导致胚胎死亡。维生素C和果胶对去除体内的铅很有帮助,因此孕妇应适当多吃苹果、梨和香蕉。汞多存在于受到污染的鱼类和含汞的牙齿填充物中,因此孕妇要尽量避免食用这些食物和使用牙齿填充物。镉多存在于香烟、肥料和精加工食品中。铜多存在于珠宝和旧水管中,因此孕妇最好饮用过滤水
X射线、γ射线等	大量接触此类射线可能造成孩子发育迟缓或智力低下
TORCH感染	TORCH感染指一组以病毒为主的微生物感染,其中:T指弓形虫,O指其他病原微生物(如细小病毒B19、带状疱疹病毒、梅毒螺旋体等),R指风疹病毒,C指巨细胞病毒,H指单纯疱疹Ⅰ/Ⅱ型。因此,有生育计划的女性应接种风疹和水痘疫苗。另外,孕妇要避免接触猫粪,避免食用未煮熟的肉和蛋,还要注意卫生,以避免患弓形虫病,避免感染巨细胞病毒、梅毒螺旋体和单纯疱疹病毒等

第四章
"看不见的父母"

许多准妈妈在怀孕初期会感到疲劳和恶心，这其实是身体保护孩子的手段。在这期间，孩子的器官开始发育形成，他正处在非常脆弱的时期。而疲劳会使孕妇远离危险的活动，恶心会使孕妇保持清淡的饮食，避免食入变质或不健康的食物。

利塞·埃利奥特
（Lise Eliot）

除了自己的父母，孩子还有"看不见的父母"——原始反射。

"看不见的父母"就是原始反射，它负责开启孩子的神经系统，唤醒孩子的感官、肌肉和大脑，帮助孩子绘制地图。和父亲、母亲一样，"看不见的父母"也在关心着孩子的未来，并希望孩子健康、快乐、聪明。例如：胎儿在子宫内就会出现握持反射。握持反射在孩子出生后三至四个月逐渐减弱至停息。

> "看不见的父母"是孩子生来就拥有的正常反射，它负责让孩子按顺序发育。

原始反射

- 反射是一种能带来变化的非自愿的刻板动作。
- 反射是机体通过神经系统,对于刺激所产生的反应。
- 原始反射也是一种非自愿的刻板动作。它在胚胎阶段就开始出现,可以促进胚胎的发育,有助于孩子的出生和孩子出生后的头几个月内的生存。在原始反射停息之前,我们可以用它作为判断孩子是否到达运动里程碑的依据。

原始反射有很多种,其作用也很多,在这部分,我们只讨论原始反射对以下几个方面的作用:

· 唤醒内部感觉和外部感觉;

· 从上至下(从头到脚)、由内而外(从近端到远端)地激活不同的肌肉群;

· 刺激大脑的不同部位,帮助大脑绘制身体地图和"世界地图"。

原始反射的作用不是随机的,每种原始反射都有具体的任务,与特定的感官、肌肉群和大脑的某一部分相关联,以帮助孩子绘制地图。当一个原始反射让孩子成功地建立了特定的神经连接,并确保孩子已经充分地使用了这些神经连线后,这些神经连接的周围会形成保护性髓鞘,这个原始反射就会停息。

如果应该停息的原始反射在孩子出生12个月后仍然活跃,那就表明孩子的神经系统发育不成熟或存在错误。这样,哪怕孩子的智力水平达标,其学习所必需的基本能力仍会存在不足。

萨莉·戈达德·布莱思
(Sally Goddard Blythe)

一个原始反射停息了,下一个原始反射就会活跃起来,在更高级的感官、肌肉群和大脑之间建立神经连接并帮助孩子绘制更高级的地图。孩子的原始反射在他出生后的六至十二个月就会完成所有的任务,然后停息。

原始反射有很多,本书主要会讲到以下几种:

· 觅食反射;

· 吮吸反射;

· 紧张性迷路反射(TLR);

· 握持反射;

· 非对称性紧张性颈反射(ATNR);

· 莫罗反射(又叫惊跳反射)。

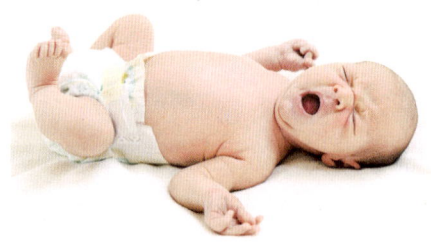

大脑的三个层次

在进一步了解原始反射的重要性之前,你需要先了解大脑的三个层次。

第一个层次是"战斗、僵立或逃跑大脑",我们将此层次称为反射性大脑。反射性大脑可以无须思考就对刺激做出反应。例如:你与朋友在路边聊天,朋友突然走到马路上,没有看到驶来的汽车。此时,你的反射性大脑会促使你立马伸手将他拉回,以免他受伤。你在做出"向回拉"这个动作之前来不及思考"要怎样拉""怎样让车停下""自己会不会受伤"等事情,你的反射性大脑下达了保护你关心的人的指令,使你迅速做出反应。

大脑的第二个层次和第三个层次分别是情感性大脑和思维性大脑,我们先暂不讨论。

思维性大脑在接收到感官传回的信息后,会停下并思考,然后向肌肉发出指令,而反射性大脑不需要停下思考。

反射性大脑关系到身体的发育。

关键时间:女性受孕至孩子出生后的16个月。

情感性大脑关系到情感和社会关系的发展。

关键时间:16个月至3岁。

社会关系发展的关键时间:3至4岁。

思维性大脑关系到认知的发展。

关键时间:4至11岁。

保罗·麦克莱恩
(Paul Maclean)

原始反射通过不断地重复,在神经连接的周围形成保护性髓鞘,进而停息。

为什么原始反射是停息,而不是永久消失?

这是为了防止已建立的神经连接或已绘制的地图受到损坏。如果它们受到损坏,原始反射会被唤醒以修复神经连接或地图,然后再次停息。

原始反射随时准备着。

孩子在胚胎阶段或刚出生时,无法进行行动之前的思考和计划,他使用的就是反射性大脑。反射性大脑使心脏跳动、肺部扩张与收缩、眼睛眨动。因此,反射性大脑的发育情况可以作为婴幼儿发育程度和是否到达运动里程碑的判断依据。

正因为此,原始反射需要在孩子一岁左右停息,否则仅由反射性大脑控制的孩子很难自主运动。

在婴幼儿阶段,如果原始反射在应该停息时仍然活跃,孩子就很难自主含乳、进食、抬头、翻身、坐立、爬行、行走……

到了上学的时候,如果原始反射仍然活跃,孩子就很难进行画画、写字、接球、扔球、跳绳、绑鞋带、结交朋友、阅读、拼写、排队、按时完成作业等任务。

女性受孕后数周内,孩子的三个

大脑层次都开始发育,但每一个层次的发育都有一个关键时间,在这段时间内,这个层次的发育享有优先权,会突飞猛进地发育。当然,这段时间也是这一层次的大脑最容易受到伤害的时间。

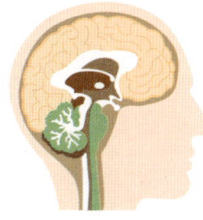 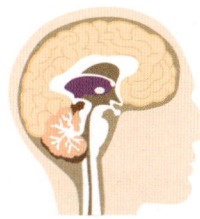 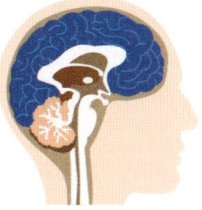

反射性大脑　　　　　情感性大脑　　　　　思维性大脑

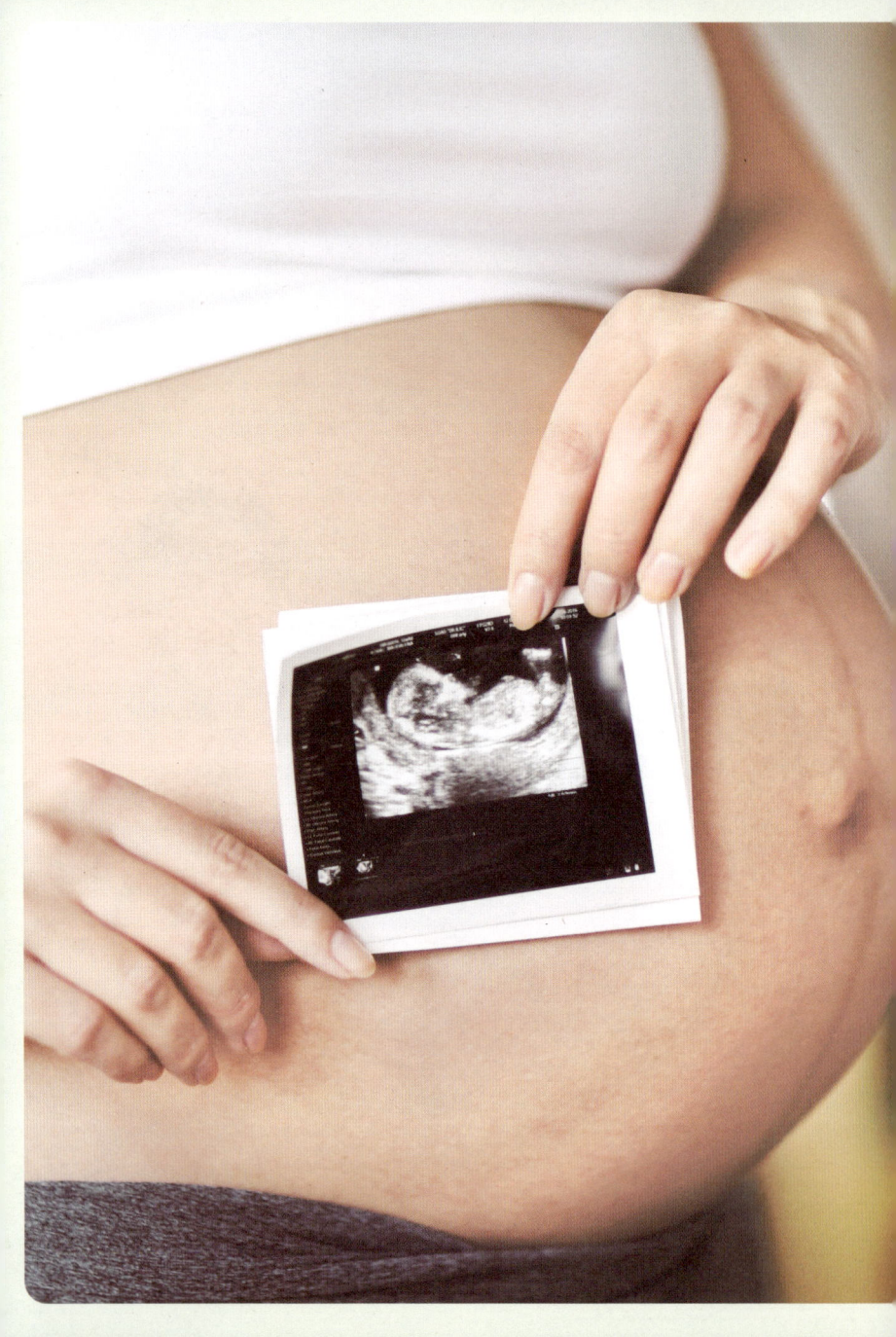

第五章
分娩对发育的影响

分娩是怀孕的自然结果，也是母亲和孩子见面的重要时刻！不过，母亲和孩子并不是互不相识。在怀孕的40周左右的时间里，母亲和孩子一直以最亲密的方式生活在一起，并互相交流：母亲会说话、思考，孩子会踢腿、转身，有时孩子甚至会发出紧急信号，使母亲胃灼热，告诉母亲自己不舒服。

如果作为准爸爸和准妈妈的你们参加了产前课程，那你们应该已经为这个大日子（孩子出生）做好了准备。但是，无论你们有多兴奋，听过多少故事，读过多少育儿书籍，看过多少相关的视频，到了分娩时，你们都可能会怀疑自己应对这件事的能力。

自然分娩的好处

顺利出生意味着孩子成功地完成了人生的第一场考试。分娩过程中产生的儿茶酚胺可以提高母亲的机敏性、加快心跳,以向肌肉输送更多血液,为分娩做好准备。同时,宫缩时的紧张会进一步增加产妇儿茶酚胺的分泌。但儿茶酚胺对胎儿会产生相反的影响,会降低胎儿的心率,减慢胎儿的呼吸,甚至暂时使胎儿的肌肉麻痹,这样胎儿就不会对抗分娩了。

宫缩的好处:

·促使孩子开始呼吸;

·使孩子更快地爱上母亲;

·将孩子肺部多余的液体挤出,增强孩子的肺功能。

儿茶酚胺的作用:

·有助于孩子吸收肺中的液体,使呼吸更轻松;

·维持孩子的体温;

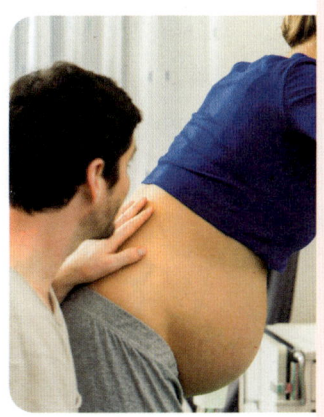

分娩时直立并保持顺畅的呼吸可以大大降低胎儿供氧不足的风险。

・让孩子更好地适应子宫外的生活；

・让孩子更渴望被喂养；

・让母亲更轻松地进行哺乳。

通过自然分娩出生的孩子体内的儿茶酚胺水平是通过剖宫产出生的孩子的二至十倍，因此，通过剖宫产出生的孩子对初次接受刺激的反应较慢，吮吸能力也较弱。

不过，在母亲分娩的阵痛发作后再通过剖宫产出生的孩子体内儿茶酚胺的水平与通过自然分娩出生的孩子体内儿茶酚胺的水平非常接近。

错误的观念

关于分娩，最大的误解是分娩过程中只需要母亲忙碌，孩子只是"看客"。事实并非如此，孩子需要像母亲一样努力才能安全地来到这个世界。分娩是团队合作——母亲和孩子组成的团队的合作！

孩子在分娩过程中发挥着重要作用。作用之一是孩子决定了何时是最佳的分娩时间。孩子感觉自己仍需要子宫的舒适环境保护的时候，不会选择出生，只有当胎盘开始变得不足以供养他时，他才会来到这个世界。

分娩是母亲的本能

分娩的过程有点儿像爬一座非常高的山，或者参加超级马拉松，看上去是无法做到的，甚至还会让人严重怀疑这样做有什么好处。但是，作为母亲，你不需要思考太多，因为分娩是你的本能。你会本能地知道这是个完美无缺的方案，你的本能会告诉你应该及早停止工作，应该休息、放松，你的身体会本能地按这个"方案"做事。本能不是压力、奔波带来的，也不是思考出来的，更与逻辑没有关系。本能发自你的内心，而不是你的脑袋。

准妈妈的另一个本能就是呼唤准爸爸的保护，以便可以让自己专注于孩子的事情。作为准爸爸，请你放轻松，你要知道保护不仅仅是供养，还要帮助准妈妈保持轻松的心态，让她知道有人在罩着她，让她知道她的爱人会照顾她、保护她。==如果准妈妈感到不安全，她就无法放松，如果不能放松，她就无法自然地分娩。因此，准爸爸，你很重要！==

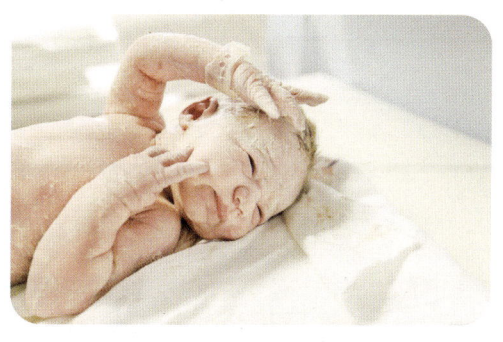

分娩的压力

当胎儿的心跳和应激激素水平升高,更多的血液流向他的心脏、肺部和大脑时,就到了妊娠的末期。胎儿的大脑将应激激素的增长视为开始分娩的征兆,然后将信号发送至胎盘以产生酶,刺激母亲产生更多雌激素并减少孕酮的产生。

对母亲和孩子来说,分娩是令人兴奋的,也是充满挑战、刺激和压力的。

分娩过程中,母亲宫缩的持续时间会越来越长,程度会越来越强烈,频率会越来越快。母亲会处在疼痛的状态中,可以说每一分钟都是煎熬。

孩子也承受着巨大的压力。他所知的世界正不断地收缩、被破坏,这种力量将他推入产道,在短时间内,他失去了氧气,被迫通过一个挤压他的整个身体的不够大的"洞口",去向他从未见过的世界。

分娩时,激素会使母亲变得机敏、

> 分娩也是自然选择的结果,孩子离开子宫的过程不会造成其大脑的损害。
>
> 利塞·埃利奥特
> (Lise Eliot)

专注，也会使孩子的生命系统顺利地适应子宫外的世界。

在适应"新世界"的过程中，孩子的身体会感受到强烈的刺激。这种刺激可以强化他的神经系统，还会挤压他的胸部和肺部，帮他排出过多液体，让他在出生后可以正常呼吸！

准爸爸准妈妈们，你们大可放心，很多研究表明，分娩的压力对孩子有好处，可以让他做好在子宫外生存的准备。

你知道吗？

- 雌激素能使子宫颈成熟，增强其收缩能力，让身体为分娩做好准备。
- 孕酮有助于受孕，可使子宫内膜增厚。换言之，孕酮能够帮助母亲紧紧地"抱住"孩子，而雌激素则能帮助母亲"放开"孩子。
- 催产素能够刺激子宫收缩，促进分娩和排乳，同时使母亲的皮肤变热，为"孵化"做好准备。

预防分娩伤害

> 最好的分娩是没有受到先入为主的想法的干扰的。
>
> 齐塔·韦斯特
> （Zita West）

分娩时的压力是有益的，但压力过大（甚至过于痛苦）并不是一件好事。胎儿的大脑是他所有器官中最脆弱的，我们应预防分娩过程中可能对孩子的大脑造成伤害的行为。

准妈妈在产前可以通过超声检查确定胎儿的位置，以防胎儿位置不佳造成分娩困难。另外，通过胎儿头皮血血气分析可以预判胎儿是否有缺氧的可能。如果有可能缺氧，则应选择剖宫产。

虽然预防措施很多，但仍不可能完全避免分娩造成的伤害。其中，窒息对孩子大脑的影响最大。母亲每次宫缩都会导致胎盘输送的氧气暂时减少，胎儿可用的氧气量降低。儿茶酚胺可以减少胎儿四肢的血流量，增加心脏和大脑的血流量，以确保这两个重要的器官不会缺氧。但是，如果宫缩太频繁并且持续时间太长，就可能造成胎儿的血压升高，增加胎儿脑出血的可能性，甚至会造成大脑性瘫痪（脑瘫）。

第六章
孩子的"发育蓝图"

令人欣慰的是，即使孩子在母亲怀孕或分娩的过程中遇到了麻烦，之后也有弥补的机会，但他将需要得到更多的、充满爱心的刺激。

孩子会按照他的"发育蓝图"来发育，这"蓝图"由原始反射绘制出来。每一个原始反射都会在特定的感官、肌肉和大脑的一部分之间建立神经连接，从而完善孩子的身体地图。只有在绘制完身体地图后，孩子才能开始绘制"世界地图"。

阿普加（APGAR）评分

APGAR是肤色(appearence)、心率(pulse)、对刺激的反应(grimace)、肌张力(activity)和呼吸(respiration)这五个英文单词的首字母的组合。阿普加评分是目前绝大部分医院采用的、对新生儿出生时的器官系统的生理指标和生命素质的评分。

在孩子刚出生时进行阿普加评分，并在接下来的14个月里以运动里程碑为依据判断孩子是否达成成长发育的预期目标是非常重要的。这样做可以让父母关注孩子的身体发育状况，也可以让父母关注孩子的情感、社交和智力的发育状况。

> 尽管孩子还不会说话，不能告诉父母他的感觉和状况，但他可以通过哭泣、表情和其他动作来表达。因此，从逻辑上讲，当孩子的身体健康状态改变时，他的动作及表情也会改变。

运动

运动可以塑造大脑，重复的运动可以使大脑变得高效。

妮娜·尼尔森
（Nina Nelson）

婴幼儿是需要逐渐"变成人类"的，他通过与人互动、学习他人的举手投足、处事和交谈方式来逐渐"变成人类"。在被父母关怀、拥抱、喂养以及与父母说话、玩耍的过程中，婴幼儿可以了解人类的模样、声音和感觉，然后"变成人类"——用两条腿走路，说复杂的语言，使用工具……

父母可以通过与孩子玩耍来激活他的每一种感官与每一部分肌肉，以帮助孩子绘制错综复杂的地图，这就是"智商"的形成过程。

本书着重关注孩子身体发育的最关键时期——从女性受孕开始至孩子出生后的14个月，因为孩子身体发育的质量决定了他的情感、社交和认知发展的质量。

在这段时间中，孩子要在他的感官、肌肉和大脑之间建立完善的神经连接，这是他身体茁壮成长的关键。

下面，我会主要介绍孩子的神经系统及五觉的发育，书中提供的活动已在BabyGym研究所和Mind Moves研究所成功应用于成千上万的婴幼儿和遭受过脑损伤的人，并促进了他们的身体和神经系统的发育。

当孩子的身体正常发育时，他会自发地进食和代谢，并保证良好的睡眠。我们应让孩子在婴幼儿阶段无阻碍地活动，以便学会克服重力，从而锻炼肌张力，顺利地到达每一个运动里程碑。

> 身体的发育是情感、社交和认知发展的基础。发育中的(或受过伤的)大脑是通过触觉、嗅觉、味觉、听觉和视觉来塑造(再塑造)的。大脑具有可塑性！

第七章
本体感觉和触觉

触摸有助于提升孩子的免疫力,促进他的情绪发育。

触觉是所有的内部感觉和外部感觉中最先出现的一种感觉。女性怀孕后五周,胚胎就开始有触觉了。这时,如果有东西接触到他的边缘,小胚胎就会移开,以避免被碰触。在接下来的几周,随着四肢的发育,这样的敏感度会逐步扩展至胎儿的手掌和脚掌。

皮肤是最大的感觉器官,这就是孩子会将东西放进嘴里的原因——用嘴感觉一下比用眼看一下更能了解一样物品。

皮肤感觉

孩子的皮肤主要对以下四种刺激有感觉,并且每种刺激带来的感觉都有单独的"感觉传递线路":

· 温度;

· 疼痛;

· 触摸;

· 本体感觉。

在这四种刺激中,本体感觉是最复杂的,因为它不仅像其他三种刺激一样,要依靠皮肤上的感受器来感受,还要依靠肌、腱和关节中的感受器来感受。本体感觉包括对位置的感知、对运动的感知和对振动的感知等。本体感觉能够帮助孩子绘制出身体和空间位置之间的复杂地图,让孩子能够感觉到自己的腹部、背部等身体部位,能够做出站立、坐下、翻身,或在母亲的腿上翻滚等行动。

皮肤对刺激的感觉会首先反应在反射性大脑上,反射性大脑会使孩子移动

女性怀孕后短短的十二周内,胎儿的整个身体,除头后部外都能够对触摸做出反应。而头后部在孩子出生后才会对触摸做出反应。

身体以避免触碰。因此,当我们刚开始与婴幼儿接触时,他会尽力"逃避",表现得害怕,进而释放应激激素。这个过程与分娩时孩子感受到挤压并释放应激激素一样,对孩子是有益的。孩子在受到触摸的惊吓后做出行动,会在皮肤、肌肉和大脑之间建立最初的神经连接。

这种让自己避免碰触的反射称为退避反射,是"看不见的父母"帮助孩子形成的反应。当出现这种反射时,意味着孩子的皮肤、肌肉和反射性大脑之间开始建立神经连接了。但退避反射必须在孩子出生后不久停息,否则孩子会抗拒被喂食,他会感到不舒服或看起来非常不开心。

> 孩子对触摸的第一反应是避免被触摸。避免被触摸是孩子为了生存、成长而做出的一种保护性的反应。当准妈妈知道自己怀孕了并且自然而然地抚摸着肚子时,孩子就会慢慢地学会不再回避,进而学会主动寻求爱抚。

退避反射与大脑发育

退避反射会持续数月,帮助孩子逐渐建立更复杂的神经连接,进而帮助孩子绘制身体地图。身体地图像全球定位系统一样,可以让孩子知道自己的位置,了解某一身体部位相对于其他部位的位置,进而计划行动。换句话说,退避反射能够促进本体感觉和触觉的发育,从而使孩子能够对体内环境和体外环境做出明智的反应。只有在皮肤与大脑之间建立了足够多且牢固的神经连接之后,孩子的行动才能熟练和有计划。

对婴儿而言,退避反射是积极的,因为它可以促进皮肤、肌肉、肌腱和大脑之间神经连接的建立。对于相对较大的幼儿(尤指一岁以后)而言,持久的退避反射会阻碍其发育,影响他们走向成熟。

女性受孕后不久,胚胎的皮肤就开始发育。在孩子的大脑能够理解皮肤传来的感觉并给出反应之前,大脑需要先

分娩时的宫缩为孩子带来强烈的本体感觉,也对孩子的深层组织进行着按摩。

父母要经常爱抚孩子,因为触觉的发育是大脑发育的第一步。

人们常错误地认为,对孩子爱抚过多会宠坏孩子,殊不知这种"宠溺"是一个机会——让孩子变得快乐,让孩子的大脑变得聪明的机会。

触摸有助于肌肉的活动。

顺利地收到皮肤传来的感觉。因此，只有在皮肤感到安全，愿意与其他人和物接触时，大脑才能发挥功能并给出指令，而不是本能地退避。这样，孩子才能通过吮吸来进食，而不是对乳房、奶瓶产生抗拒。女性在知道自己怀孕后，会以一种友善并带有保护性的方式抚摸自己的肚子。这样的抚摸可以告诉孩子抚摸是很好的、很舒适的，从而促进情感性大脑的发育。

情感性大脑能使身体分泌能够让人感觉良好的激素，帮孩子放松下来，并抵消过多的应激激素。之后，孩子会接触到更多的物品，不同的触感会促使孩子的皮肤、肌、腱和关节中的本体感受器与他的思维性大脑建立神经连接。

思维性大脑是"聪明的大脑"，有两条被称为感觉皮层的条带，一条在左，另一条在右。随着时间的推移，在接受大量的刺激后，当孩子经常感受到一种感觉时，就会与相应的感官地图产生联系并开发这部分地图。当相同的动作被重复数千次后，大脑和身体地图之间会建立联系，这会让地图上相应的部分"亮起来"。这样的"亮点"越多，大脑就越活跃。

"点亮"地图是孩子设计自己的"全球定位系统"的第一步。这套"全球定位系统"将引导他走动、触摸、闻气味、品尝食物，同时让他学会在这张地图上绘制更多的内容。

神经连接是电信号的传递。大脑的感觉皮层上的"感觉投射"是左右交叉的。简单地说,就是当我们身体的一侧感觉到什么时,这种感觉会通过神经连接被传递到另一侧的思维性大脑的感觉皮层上的条带。例如:当孩子用右手触摸自己的左脸颊时,右脑的感觉皮层上的条带将与左脸颊的皮肤上的感受器进行经接,左脑的感觉皮层上的条带将与右手皮肤上的感受器进行连接。

毛发可以保护皮肤,还可以使皮肤的感觉更灵敏。毛发就像天线一样感受着外界的各种振动,再将这些振动传递给皮肤,转化为电信号传递到大脑,然后大脑会做出决定:

● 避免接触或接受接触;
● 参与接触或主动接触。

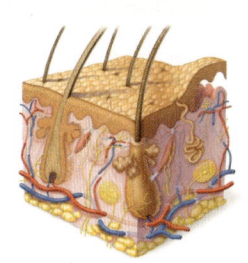

退避反射有助于：

· 本体感觉的发育；

· 身体地图的绘制；

· 情感发育；

· 触觉发育。

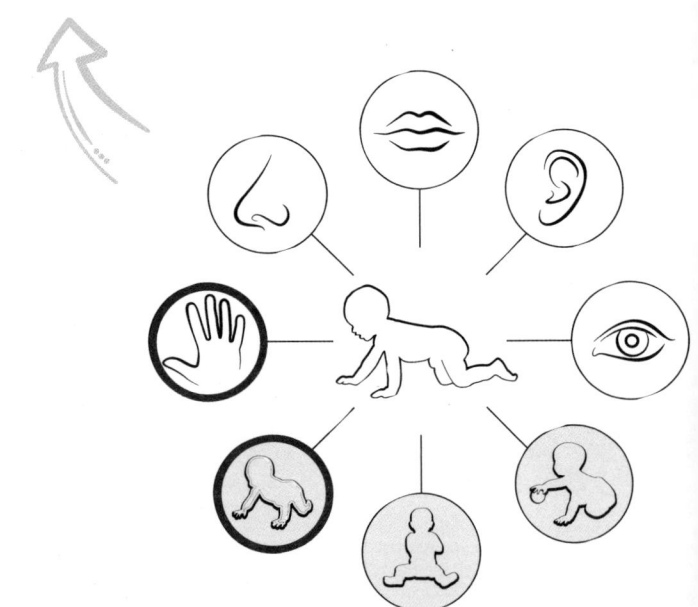

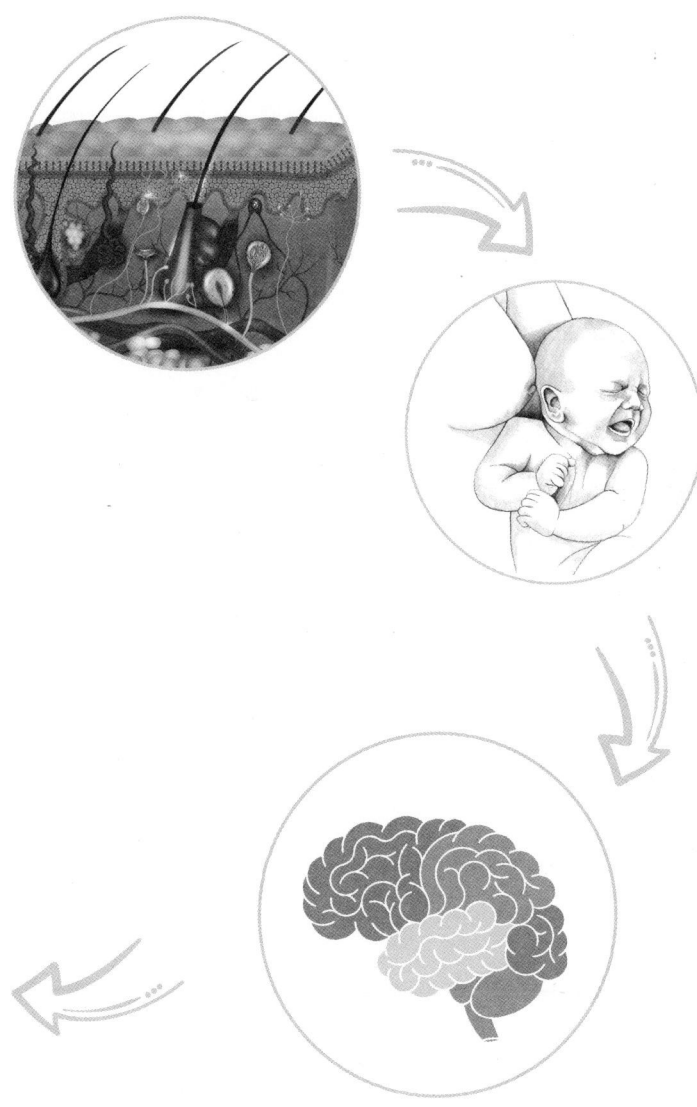

让孩子得到安慰

当孩子感受到"威胁"时,他会哭喊,这是他在说"帮帮我"!

要重视体检,要带孩子检查脊柱。

当婴幼儿感受到"威胁"时,反射性大脑会发出退避指令,婴幼儿就会想办法躲避。他会逃跑,如果不能逃跑,他就会大哭大叫,双手手指张开并不停地挥动,双脚胡乱地踢,就好像在说:"停下来,我要远离这里!""我要远离嘈杂的购物中心!""我要远离大喊大叫的家人或陌生人的怀抱!"此时,你应对孩子的退避迅速地做出反应并让他得到安慰。

让孩子回到类似子宫内的环境中,远离各种气味、声音、光线和人,这就是安慰孩子的最好的办法。

让孩子与他熟悉的人、事、物在一起也是安慰他的方法。孩子熟悉母亲的气味,因此母亲不能使用香水或用香味太大的洗涤剂清洗衣服;孩子需要爱抚,因此在喂奶前要柔和地拍打他并轻哼。由于退避反射,刚开始给孩子喂奶时他可能不愿意含乳,这会使新手母亲感到十分无助。因此,新手母亲要克服自己的"退避反射",不要产生消极情绪或做出厌烦的表情、动作。请深吸一口气,然后告诉自己:"我可以做到!"要知道,如果母亲不能静下心来,孩子也会变得非常能折腾,不易进食或入睡。

孩子不安的表现:

·抗拒拥抱;

·容易哭闹;

·不愿碰水;

·不喜欢脱衣服或穿衣服;

·爱穿多层衣服或根本不穿衣服;

·抗拒触摸任何东西,甚至是玩具。

孩子腹绞痛时会持续地哭喊,双腿会拉向腹部,肚子因有过多气体而鼓鼓的,面部表情扭曲。

简·卡雷罗
(Jane Carreiro)

腹绞痛

喂奶时,如果孩子蜷缩着身子不让大人触碰,心脏快速跳动,大口呼吸,便很有可能是发生了腹绞痛。导致腹绞痛的原因有:

● 孩子出生时脊柱受伤;

● 孩子的消化道和神经系统还不成熟;

● 孩子在只能喝奶的时期吃了其他食物;

● 奶嘴的质地、气味、味道对孩子有害。

不管怎样,这时沮丧的大人和沮丧的孩子都有着完全相同的需求——放松并感到足够安全。当孩子的心跳和呼吸恢复正常时,他皮肤上的毛发就会放松,这种感觉会被传递到大脑,大脑便会发出"参与"的指令,身体便会分泌更多能够使人感觉良好的激素,而应激激素的分泌会减少,孩子就会平静下来。这时,孩子便不再抗拒,大人就可尝试再次喂奶了。

放松

孩子在子宫内、出生时或出生后承受过大的压力都不是好事,因为压力也会传递到大脑,使大脑发出令身体和精神不安的指令。因此,准妈妈需要通过做按摩、阅读好书、听优美的音乐并在大自然中散步来让自己放松下来,还要爱抚肚子,并在孩子出生后爱抚孩子来让孩子放松下来,让孩子从一开始就处在放松的环境中。爱抚可以激活孩子的大脑,让他更机警、更放松。

皮肤和情感性大脑紧密相关。

触觉是对孩子的发育最重要的感觉。如果孩子的触觉发育得不好,就无法生存。

孩子放松之后,反射性大脑会推动情感性大脑指挥身体分泌能让人感觉良好的激素,并促使思维性大脑参与进来。这时,如果孩子的思维性大脑中已绘制了高质量的身体地图,他就会变得好奇、轻松、兴奋,这时的他就做好去探索世界的准备了。

> 要将每一次和孩子在一起的时间都变成他的"发育时间"。你可以爱抚他或为他按摩,并告诉他你正在触摸他的身体的哪个部位,即使他听不懂你在说什么。

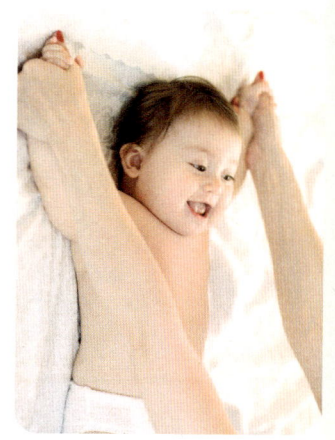

让母亲平静下来的方法

·待在私密场所可以使人平静下来,你可以在烦躁时"躲到"公共场所的洗手间内或家中你最喜欢的某个地方。

·握拳,然后有节奏地、缓慢地用拳头抚摸胸骨十次,让内心平静下来。

·深呼吸十次,吸气时张开双臂,呼气时拥抱自己,每次呼气都要比上一次更慢一些。

·拥抱自己,并用舌头顶住上颚,闭上眼睛,缓慢呼吸,直到自己平静下来。

让婴儿平静下来的方法

·鼓励婴儿吮吸。

·让婴儿待在光线昏暗的房间里。

·为婴儿换尿布。

·用最常用的柔软的毯子包裹婴儿,让他的手靠近他的脸。

·用柔和、舒缓的声音对婴儿说话或唱歌。

·缓慢地、轻轻地为婴儿按摩。

让幼儿平静下来的方法

①站在幼儿身后或将他放在膝盖上,让他背对着你。

②让幼儿伸出手臂,同时张大嘴巴、睁大眼睛,并做深呼吸。

③让幼儿慢慢地呼气,同时闭上眼睛并抱住自己。

④从背后抱住幼儿并轻轻晃动他,让他感到舒适、放松。

保温箱中孩子的护理方式

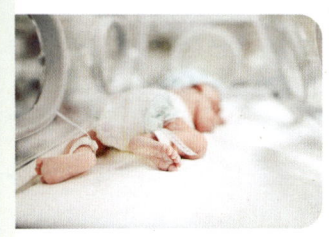

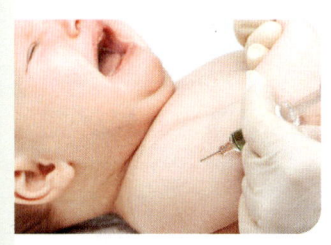

如果孩子在出生时遇到了一些麻烦,如早产、氧气不足、心脏问题或其他并发症,需要在保温箱中待一段时间,那他的触觉发育可能会受到一定程度的影响。

保温箱一般会被放在明亮的地方,周围的环境中充满了奇怪的、强烈的气味,并且声音嘈杂,箱内也没有柔软的物品来保护孩子的小身体。而在母亲的子宫里,孩子可以得到24小时的按摩,还有令他安心的羊水的气味、滋味和温度,以及让他安心的母亲的心脏有规律的跳动声。

可是,当孩子待在保温箱中时,母亲柔软的身体和轻轻的、有规律的摇动被医护人员高效的双手取代,医护人员将针刺入他的脚或其他部位,通过令人讨厌的胶带将管子和其他设备固定在他身上,还会经常检查、翻动他。这时,孩子身上的每根毛发似乎都气得竖了起来,他会通过声嘶力竭的哭闹要求停止这一切,但没有人在听。最后,孩子会精疲力竭,无法再表达自己,只能不再反抗以保存自己的精力,维持生命……

一些从事医疗保健的专业人士意识到,婴幼儿不仅需要维持生命,还需要得到安慰来变得更强壮。他们还意识到,孩子值得享受高品质的生活,而不仅仅是活下去,因此他们鼓励父母做一些不会干扰医疗的事情来使保温箱中的孩子获得高品质的生活。

他们提出了袋鼠式护理的方法,因为他们知道母亲的存在以及母亲的气味、触感和声音对新生儿至关重要。袋鼠式护理就是让孩子直接趴在母亲的胸口,为他创造柔软的、熟悉的环境。同时要尽可能地将环境光线调暗、减少噪声,鼓励母亲对孩子说话并抚摸孩子。袋鼠式护理的提出者发现,将听诊器等物品放在保温箱顶部的声音对于新生儿来说相当于成人听到的大锤敲击的声音,因此他们会要求护理者避免将物品放在保温箱的顶部,以避免吓到孩子。他们还建议让保温箱中的孩子躺在加热的水床上,这样每次为孩子翻身时都有轻轻摇摆的感觉,类似孩子在子宫中,母亲翻动身体时的感觉。

袋鼠式护理

一般来说,早产的孩子需要在保温箱中待几天。

我们可以用袋鼠式护理代替保温箱,让孩子与母亲亲密接触,以获得安全、舒适的环境。孩子需要一直与母亲亲密接触,直到他为外面的生活做好准备。

袋鼠式护理始于哥伦比亚,因为那里的新生儿多,但相应的设备和人员不足。

韦尔曼·吕伯

(Welma Lubbe)

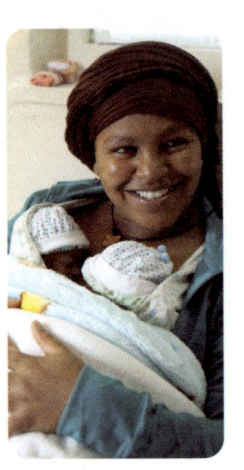

这些勇敢的孩子(出生后需要待在保温箱中的孩子)起步艰难,他们绘制身体地图的秩序被打乱了,他们的感官超负荷,但肌肉缺乏运动,迫切地需要按摩和活动。因此,他们需要奋力地追赶发育的脚步,才能成为快乐、健康、聪明的孩子。

感觉的发育始于触觉,然后是内部感觉。孩子需要在父母和"看不见的父母"的帮助下在内部感觉、外部感觉、肌肉和大脑之间重新建立神经连接;需要激活情感性大脑以让自己放松;需要更新自己的身体地图以顺利地到达每一个运动里程碑。

否则,孩子长大后仍会"屈服"于原始反射,不能凭借自己的感官和思维性大脑来做出决定,进而会被贴上情感障碍或学习障碍等标签。

早期干预是可以避免发育问题的,父母是可以帮助孩子的!

袋鼠式护理可以最大限度地减少对孩子的伤害,有助于克服发育迟缓等问题。

触觉发育不良的表现

对于三岁或更大的孩子来说,触觉发育不良会表现为退避反射仍然活跃,这说明他的皮肤与大脑之间仍然需要建立神经连接。

对于这样的孩子,爱抚不仅不能让他感到安全,还会被他视为威胁,他会立即退避以保护自己。这会阻碍他的身体、情感、社交能力和智力的发育,进而阻碍他结交朋友和学习。

没有外在的帮助,这样的孩子是不可能靠自己克服这个困难的。

触觉发育不良的表现

- 对触摸不敏感。
- 对触摸过度敏感,将触摸视为刺激、痛苦和威胁。

对触摸不敏感的表现

- 不用眼睛看就无法定位被触摸的身体部位,甚至看过后也无法定位。
- 与他人并排站立时总是站得离他人很近。
- 无法画出符合年龄能力的图画。
- 经常迷路。

- 经常弄丢或打破东西。
- 看上去很笨拙。
- 拥抱时用的力气很大。
- 行动很冒失,似乎不知道这样做会受伤。
- 堆积木、拼拼图或用笔、剪刀等工具时很困难。

对触摸过度敏感的表现

- 不喜欢拥抱等与人亲近的动作。
- 不喜欢沙地、草皮等粗糙的触感。
- 碰到水会哭。
- 不喜欢用毛巾将头发、身体擦干,喜欢用吹风机吹干。
- 不喜欢穿新衣服或带有标签的衣服。
- 不喜欢被弄脏。
- 不喜欢与人有目光接触。
- 喜欢独自一人或欺负他人。

能够促进触觉发育的BabyGym活动

· 每次洗完澡都为孩子从头到脚按摩一遍。按摩的动作要坚定有力,同时要注意孩子的反应,如果他表现出抗拒,应立刻停止按摩。按摩有助于孩子的睡眠和进食。

· 将装有温水的瓶子包裹在母亲的睡衣中,一同放进孩子的被子里,这样就可以模拟出母亲的温度和气味了。

· 孩子在出生后的几周甚至几个月内睡眠持续时间不长,因此在他睡着后尽量不要打扰他。婴幼儿睡觉的房间不可过于温暖,切勿将孩子放在阳光下或密闭的汽车内睡觉,因为过热和脱水可能会致命。

能够促进触觉发育的Mind Moves活动

对于有三种或三种以上触觉发育不良表现的三岁及三岁以上的幼儿,以下这些Mind Moves活动可以帮助他们重新建立神经连接,使退避反射停息。

按摩耳垂

让孩子从上至下以画圈的方式同时按摩两个耳垂,重复三遍。这样做可以放松全身的毛发。

Mind Moves按摩

让孩子站直,双臂侧平举。大人站在孩子身后,用双手沿着孩子的身体从头到脚滑动,滑动到脚时抱住孩子的脚,在这里停一会儿。重复三遍。

然后让孩子缓慢地深吸气,之后将双臂在胸前合拢,拥抱自己。在孩子合拢双臂的同时,大人从后面抱住孩子。然后大人与孩子一起轻轻地摇动,同时让孩子缓慢地呼气。

摄影师:伊万·诺代德(Ivan Naude)。

刚开始做这些活动的时候，孩子可能会很烦躁，大人要以爱抚的方式安慰他，让他坚持下去。如果孩子喜欢这些活动，就让他多做几次。

退避反射不会在一夜之间停息，它需要在确定孩子的身体地图绘制完成后才会停息。

每天至少做两遍Mind Moves活动，一般来说，六周就可以看到效果。如果暂时看不到效果也不要轻易放弃，请坚持下去！可能是100天，也可能是1000天，坚持一定会得到回报！

> BabyGym活动和Mind Moves活动不能替代医院的治疗，它们只起补充作用。

第八章
内部感觉和身体地图

内部感觉将"感觉接收器"扩展到了皮肤之外。孩子还在母亲子宫中时就可以体验到几乎所有的感觉,例如:闻到、品尝到母亲的羊水;尽管被羊水包围着,他仍然可以听到父母的声音。孩子还能在母亲的子宫中学会运动,尤其是在母亲怀孕初期,子宫内的空间变得有限之前。

在孕晚期,紧绷的子宫壁能给孩子提供24小时的深度压力按摩,这正是孩子获得良好的本体感觉所需要的。此时,孩子的五觉已经全部开始发育,但由于子宫内很暗,几乎看不到任何东西,因此孩子必须等到出生后才能开始真正地建立与视觉有关的神经连接。孩子在子宫内时,他原始的视觉是依靠触觉、味觉、嗅觉、听觉以及内部感觉来获得的。

大脑的分工

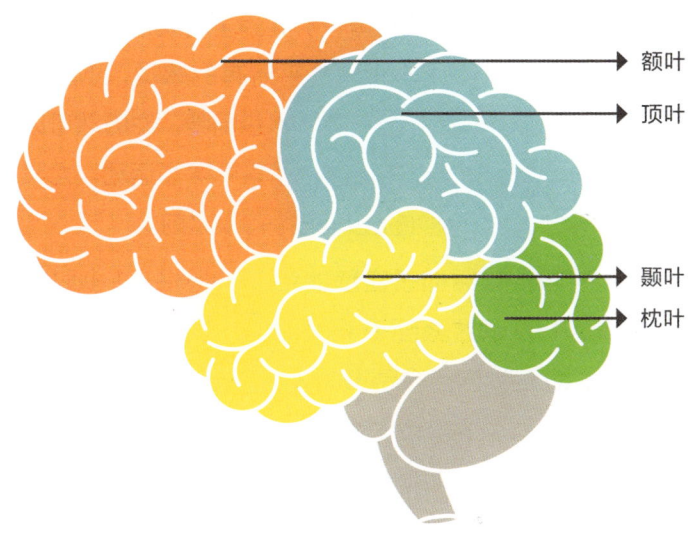

额叶

大脑外侧沟上方,中央沟以前的部分,主要与运动功能、精神活动和嗅觉有关。

顶叶

大脑外侧裂上方,中央沟与顶枕裂之间的部分,主要与感觉功能有关。

颞叶

大脑外侧裂之下的部分,主要与听觉功能有关。

枕叶

大脑顶枕线以后的部分,主要与视觉功能有关。

莫罗反射与身体发育

在女性怀孕后八周左右,胚胎只有核桃大小时,莫罗反射便开始活跃起来。莫罗反射是一种全身动作,指孩子在受到惊吓时,会先伸开双臂与双腿,弓背,然后双臂收拢互抱。一般来说,孩子出生后半年内,莫罗反射就会停息。

莫罗反射能够促进四肢肌肉的发育,并在内部感觉与大脑之间建立神经连接。

前面提到过,孩子是按"从上到下"的顺序发育的。因此,我们可以说头部的发育远早于手臂和腿脚的发育,但是我们不能说头部的发育比手臂和腿脚的发育完成得早。头部确实会先于手臂和腿脚发育,但头部(包括大脑)的发育更加复杂,大脑完成神经连接所需的时间很长。另外,手臂和腿脚的发育还会帮助头部(包括大脑)发育。

孩子绘制身体地图要以所有感官和所有肌肉的发育为基础。

莫罗反射与大脑发育

女性怀孕五周后,胚胎就能够感受到触摸,还会受到触摸的"惊吓"并做出反应。这种反应是由本体感觉和触觉引起的,它可以刺激耳朵内的前庭系统,从而确定触摸的来源方向。前庭系统可以让身体知道朝哪个方向移动才能安全,在整合进入大脑的感觉上发挥着重要作用。另外,前庭系统也与肌张力和运动觉有关联。运动觉是反映四肢位置,运动以及肌肉收缩程度的感觉。

莫罗反射以特定的动作帮助孩子在前庭系统与大脑之间建立神经连接。前庭系统可以滤除其他感官传递的信息,不会让孩子感到超负荷。只有在前庭系统和运动觉变得"智能"后,孩子的运动才能变得熟练和有计划。

对婴儿而言,莫罗反射具有积极的作用,因为它可以帮助孩子在皮肤、内部感觉(本体感觉、前庭系统和运动觉)与大脑之间建立神经连接。但对于较大的幼儿,持续的莫罗反射会阻碍其身体的发育以及智力、情感和认知的成熟。

莫罗反射有助于：

· 肌肉运动；

· 增强肌张力；

· 建立平衡感；

· 让孩子变得机警；

· 培养孩子的空间定向能力；

· 培养孩子的空间感知能力。

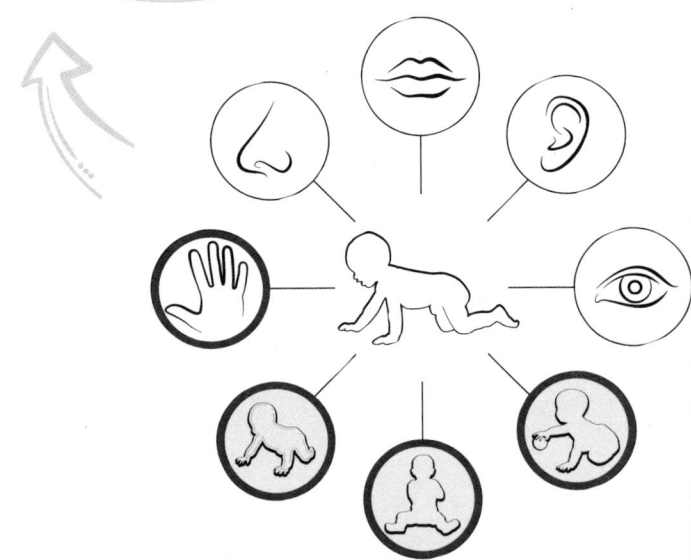

第八章 内部感觉和身体地图

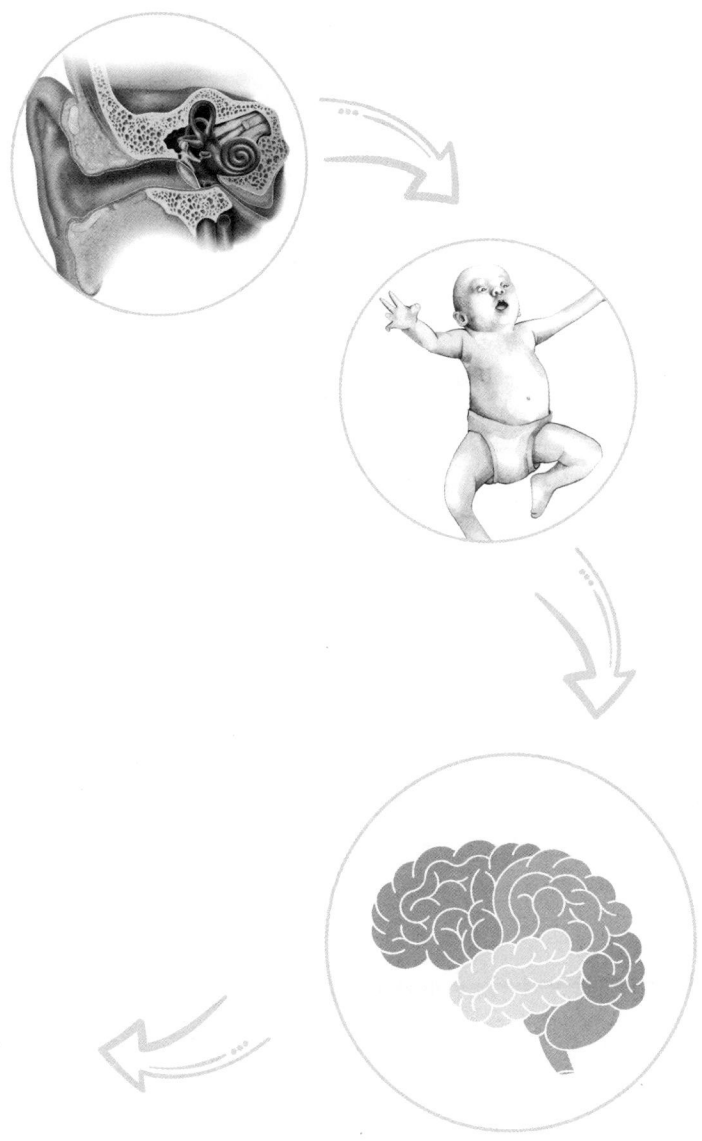

莫罗反射与内部感觉

孩子产生莫罗反射时一般都会睁开眼睛,张开嘴巴,伸展胳膊和腿,大口呼吸或大声呼喊,张开手指和脚趾。孩子的感官和肌肉都能感受到这些运动。另外,莫罗反射还会刺激应激激素的分泌,让孩子的肌肉在短时间内保持紧张,以便可以随时采取行动。此时,孩子的感官也会保持高度警觉,以发现可能存在的危险。在保持紧张和机敏的状态时,孩子大脑的感觉皮层和运动皮层会密集地进行神经连接。

内部感觉对于孩子来说就像秘书对于老板。秘书会对收到的各种信息做出判断,决定谁能马上与老板会面,谁需要等待或预约,谁必须离开。内部感觉也是这样。内部感觉接收并整合从身体内部和外部传来的各种信息,然后决定哪些信息必须优先处理,哪些信息可以过一会儿处理,哪些信息不必理会。

要准确地做到这些,内部感觉需要非常有条理,并且还需要有一张准确的身体地图来让它参考——外部感觉(感官)会提供外部情况的信息,本体感觉会告诉内部感觉身体内部正在发生什么。在收到信息并确定优先级后,大脑才可以做出计划、计算和行动。这些计划、计算和行动有可能是通过反射性大脑做出的(肌肉在非计划的情况下快速反应),也可能是通过思维性大脑做出的(肌肉更加可控、有计划地反应)。

在孩子还在母亲的子宫内时,内部感觉就开始帮助胎儿在感官、肌肉和大脑之间建立神经连接，内部感觉还能在分娩的过程中帮助孩子移出产道，并帮助孩子做好适应子宫外的重力环境的准备。

> 孩子出生后，重力会让他感觉躺着更有安全感。但是为了成长发育，孩子需要克服重力，获得足够的肌张力并建立方向感，以便在出生后能够找到母亲的乳头并吮吸乳汁，并逐渐做到抬头、翻身、坐立、爬行、站立、行走……

在孩子的感官、肌肉和大脑之间的神经连接全部建立完成后，"看不见的父母"就要离开了，这样孩子才能学会按计划行动，并使用自己的思维性大脑来做出选择。

重力是非常强大的，能将地球上的物品牢牢"吸住"。

相比于平躺，站立或跪立姿势可以利用重力来帮助孩子顺利降生。

米里亚姆·斯托帕德（Miriam Stoppard）

接近预产期时，羊水会减少，孩子在子宫中感受到的重力会增加，这是人体在利用重力让孩子以头朝下的姿势为出生做好准备。

原始反射与感官整合

从胚胎阶段到出生后的六个月里,孩子对所有的感官输入都会做出反射反应。这是因为"看不见的父母"知道孩子还不能对刺激进行思考,不能对行动做出计划,为了确保孩子对感官传来的信息都能做出反应,"看不见的父母"就要做到"有应必答"。例如:皮肤感受到刺激后,退避反射会让孩子躲避来保护自己;受到惊吓后,莫罗反射会让孩子做出寻求保护的动作;鼻子和舌头受到刺激后,觅食反射和吮吸反射会让孩子开始进食;耳朵听到信息后,紧张性迷路反射会响应……

感官的发育依赖于内部感觉的发育,而较早发育的感官比较晚发育的感官发育得快,因为较晚发育的感官需等较早发育的感官稳定下来才能正常发育,比如耳朵和眼睛就需要等皮肤、鼻子和嘴巴完成与大脑之间的神经连接的建立后才能够正常发育。这是一个非常复杂的过程,但在"看不见的父母"的帮助下,孩子能够完成这一切。

以上这个例子就能说明为什么当新生儿找到了母亲的乳头时眼睛会眯起来。这是因为他不是用眼睛去寻找到乳头,而是用嗅觉找到乳头的位置的,因为乳汁与羊水的气味很像。而当新生儿找到母亲的乳头时,他的嘴巴会自动张开,舌头会自动卷起来,"看不见的父母"让他天生就会吮吸。

内部感觉与活动

当孕妇站立、转身、走路、慢跑、弯腰时,胎儿的内部感觉都会得到增强。母亲的每一个动作都是胎儿大脑发育的动力。

人类的内耳有三对"水平仪",是与我们维持姿势和保持平衡有关的内耳感受装置。

母亲的各种运动都能使胎儿的"水平仪"工作起来,这就是孕妇做轻度至中度的运动对胎儿有好处的原因,这样可以增强孩子的内部感觉,从而让孩子适应活动和学会活动。但剧烈运动会使"水平仪"不稳定,让胎儿感到恶心。

孩子出生后,也要让他尽可能地四处活动,先是抬头,直到慢慢地挣扎着站起来,以发现自己的身体部位及其功能。在大量躺着的时间里,可以让孩子多蹬脚、踢腿以提高他臀部和腿部的柔韧性和力量;可以让他挥舞手臂,锻炼手臂和肩膀;可以和他玩"捉迷藏游

内耳中的三个半规管相当于三个水平仪。

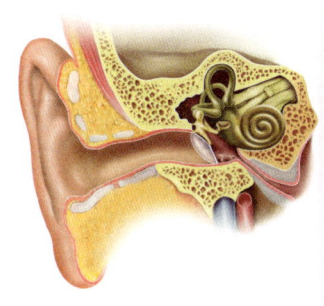

经过数千次重复活动,神经连接才能建立完成,大脑才能绘制出身体地图。因此要鼓励孩子自由地活动,不要使用工具。

安全起见,必须为孩子配备汽车安全座椅。

戏"——从不同的角度接近他并轻唤他的名字，让他学会利用听觉转头。总而言之，学会控制自己的头是让孩子开始运动的重中之重。

头部的活动引导着身体各个部位的发育。

> 不要购买帮助孩子站立的装置或设备，因为这样会破坏孩子自然发育的进程。在孩子开始想站起来的时候，很多父母会用支撑椅、步行环或学步车之类的辅助工具来帮助孩子，这是不对的。这个阶段的孩子还没真正到达能够站立的阶段，我们要让他呻吟、挣扎，可以将他抱起来安慰一下，随后马上将他放下，让他再次与重力斗争。孩子需要通过斗争为自己争取自由——增强肌张力从而能够自主直立，找到平衡。
>
> 不过，安全座椅是必备的，但不要将安全座椅放在电视前，也不要让孩子长时间坐在里面。限制孩子的活动就会限制他的学习和发育。

内部感觉不活跃的表现

内部感觉需要在身体进行大量活动的过程中逐渐完善，最后像秘书一样高效地工作。要鼓励孩子多活动，尤其是在出生后的14个月内，因为这段时间是感官、肌肉与大脑之间建立神经连接的最佳时间。如果孩子（特指出生后14个月内）有以下表现，则说明他缺乏活动，内部感觉不活跃。

- 身体长时间蜷缩或僵直。
- 经常哭或几乎不哭。
- 容易受到惊吓。
- 常做的动作固定，变化少。
- 只能小睡，不能久睡、沉睡。
- 进食不畅。

如果孩子在这段时间（出生后14个月）里的活动量足够，那么六至七年后，他就能安静地坐下来，专注地学习。不过多活动不代表不受控制或没完没了地活动，应该先活动，后休息。

如果孩子早产或在出生时遇到了麻烦，应让他在与子宫类似的环境中生活。在这种环境中生活的天数应等于孩子早产的天数，这有助于孩子的内部感觉追上发育的脚步。

采取袋鼠式护理时，应让母亲与孩子皮肤贴着皮肤，如果太热，母亲可以穿一件薄薄的棉质衣服。

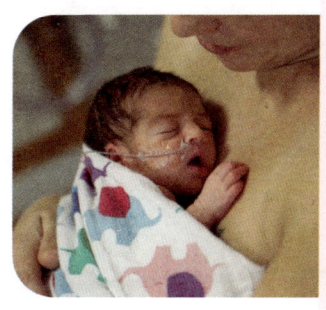

拍手和挥手有助于强化孩子的控制能力。

孩子喜欢活动，就由着他吧！

教孩子停止活动就是在训练孩子用思维性大脑控制自己，让他学会控制自己的活动并逐渐变得熟练。可能要重复数千遍孩子才能学会停止，但孩子终将学会，请保持耐心。

记住，你教给孩子的每件小事都会帮助他建立神经连接，但一开始建立的神经连接都是微弱的，而且根本没有地图可用，因此你必须耐心并热情地鼓励他。不管孩子已经重复了多少次，你都要赞赏他。赞赏和鼓励孩子就像给植物浇水。在合适的时候给予足够的水有助于植物的成长，但是也不能过度。无时无刻地关注、鼓励和赞美会让孩子被宠坏，变成一个"小坏蛋"。

内部感觉发育不良的表现

如果孩子出生六个月后莫罗反射仍然活跃,他会一直处在挣扎的状态(恐惧、准备战斗或僵立)之中,这会导致孩子常常屏住呼吸,应激激素分泌过多,进而阻碍他的内部感觉的发育。对于三岁及三岁以上的孩子来说,内部感觉发育不良会导致他无法集中注意力,平衡力、协调性差,甚至有多动症。这样的孩子经常会口干舌燥、肚子疼、精疲力竭,给人情绪易激动、具有攻击性、盛气凌人、不善交际、没有感情等印象。

三至七岁儿童内部感觉发育不良的表现

· 易晕车。

· 容易感到疲劳,常常姿势僵硬。

· 容易摔倒,平衡力差。

· 下楼梯时很困难。

· 害怕走索桥。

· 恐高,害怕攀登。

· 空间定向能力差。

· 容易迷路,经常丢东西。

· 肌张力低。

· 投掷、接球或踢球时很困难。

如果孩子的内部感觉出现了问题,那么他的"全球定位系统"也会出现问题,他可能会感到迷失、痛苦、无助。

如果孩子早产,请务必"纠正孩子的年龄"。例如:如果一种原始反射应该在孩子出生后六个月时停息,但对于早产了两个月的孩子来说,他的这种原始反射应该在八个月时停息。

· 跳跃或疾驰时很困难。

· 未到达或延迟到达运动里程碑。

七岁以上儿童内部感觉发育不良的表现

· 语言能力发育迟缓。

· 感情与同龄人相比不够成熟。

· 过度机警或活跃。

· 不会系鞋带。

· 对感觉的处理能力差。

· 不会跳绳。

· 有注意力缺陷。

· 不爱写字或阅读。

· 易冲动,不能控制情绪,比如无法忍受等待或分享。

能够促进内部感觉发育的BabyGym活动

只有在孩子的触觉稳定了后,以下活动才有意义。

· 在孩子还不能自由控制头部活动时,可以让他趴在健身球上。家长保护着孩子并轻轻沿上下、前后、左右方向摇动健身球,以激活孩子耳内的三个"水平仪"。注意,要控制好健身球摆动的幅度。

· 用婴儿车推着孩子外出时,要将外出时间大致分成四段。每段时间要去不同地形的区域溜达,因为地形的变化有助于激活孩子的内部感觉。例如:推着孩子分别在柏油路面、砾石路面、草地、沙地上行走;推着孩子时而上坡,时而下坡,时而快,时而慢。同样也要注意孩子的反应,如果孩子发出"停止"信号,则表明他已经厌烦这种地形了,这时就要转移到另一种地形上去。

- 男性很适合与孩子玩游戏，因为他们喜欢晃动孩子、将孩子举高、让孩子骑在肩膀上……将孩子向上抛会让孩子很兴奋，但一定要注意安全。在将孩子往空中"抛"时，一定要托着他，不要真的抛出去，不要让他离开你的双手。如果离手，孩子落下时脖子和头部会受到较大的震动，很可能受伤。

- 在孩子能够稍微控制头部活动时，可以让他坐在健身球上，家长轻轻沿上下、前后、左右方向摇动健身球。只要孩子不抗拒便可以一直玩下去。如果没有健身球，可以将孩子放在腿上，然后轻轻上下、左右摇动双腿。

- 播放音乐，与孩子"共舞"。抓住孩子的双臂，扶着他向各个方向轻轻移动。动作必须缓慢，同时要注意观察孩子，以免因动作幅度过大而刺激到孩子。如果他抗拒这个活动，就要及时停止。

- 如果你有事情要做，而孩子又太小离不开人，该怎么办呢？你可以将孩子"挂"在胸前，如果孩子比较大，也可以背在身后，让孩子跟你一起"做事"。你活动时，孩子也会跟着你活动，这有助于激活他的内部感觉。

能够促进内部感觉发育的Mind Moves活动

对于有三种或三种以上内部感觉发育不良表现的孩子，以下这些Mind Moves活动会很有帮助，可以帮助孩子重新建立神经连接，从而使莫罗反射停息。

每天至少做两遍Mind Moves活动，每遍每个活动重复三次。Mind Moves活动对学龄孩子也很有帮助。

按摩锁骨上方

用右手摩擦左侧锁骨上方的凹陷处（左眼正下方的位置）。这样做能够帮助孩子放松双眼和腹部，还能缓解孩子紧张的情绪，让孩子更轻松地阅读、说话。

拥抱自己

让孩子缓慢地深吸气，同时缓慢地睁开眼睛、张开嘴巴、打开双臂、张开手指和脚趾。这组动作可以刺激莫罗反射。然后让孩子缓慢地呼气，同时将舌头抵住上颚，缓慢地在胸前环抱双臂。缓慢地深呼吸有助于改掉屏气的习惯，自我拥抱能够让孩子接纳自己。你也可以在孩子拥抱自己的

摄影师：伊万·诺代（Ivan Naude）。

同时拥抱孩子,这样能帮助孩子更好地融入社会。

唇部锻炼

让孩子噘起嘴,做亲吻的动作,并保持这个姿势八秒。然后让孩子做出微笑的样子,要尽量咧嘴并发出"哎"的音,坚持八秒。这组动作有助于伸展嘴唇,增强嘴巴周围肌肉的肌张力。

平衡游戏

玩秋千、滑梯、旋转木马和跷跷板能够增强孩子的平衡能力。如果孩子感到害怕,千万不要取笑他,要想办法让他觉得这些游戏很有趣。

一次一指令

一次只给孩子下达一个明确的指令,并确保他能够执行指令。当孩子在一段时间内都能够顺利地完成指令后,可以尝试一次给出多个指令。

让大脑平静下来的方法千篇一律，刺激大脑发育的方法丰富多彩！

和孩子玩不同的游戏就是刺激他的大脑发育的方法，因为多样性本身就是一种刺激，但一定不要过度。而放慢速度重复同一个动作，比如慢慢地摇摆，会让大脑平静下来。

和大人一样，孩子也需要独处，不要不停地跟他玩游戏，当他表现出抗拒时，就要停下来。

使莫罗反射停息需要一段时间，但绝对值得等待，因为莫罗反射关系到孩子的感觉地图和运动地图，是神经系统进一步发育的基础。

第九章
嗅觉和味觉

> 在孩子与母亲的乳房开始接触时，孩子就开始学习什么是爱了。
>
> 米歇尔·奥当
> (Michel Odent)

> 哺乳的好处，九成是促进孩子建立神经连接，只有一成是提供营养。
>
> 尼尔斯·伯格曼
> (Nils Bergman)

鼻子、嘴巴和舌头合作让孩子能够进食。嗅觉和味觉可以帮助孩子与母亲保持亲密的关系，刺激孩子的食欲并帮助他发现潜在危险。例如：当一个陌生人靠近孩子时，孩子会闻到自己不熟悉的气味，他的大脑会将这个信息传递到"看不见的父母"那里，"看不见的父母"便会促使肌肉运动，孩子便会挥手、蹬腿、哭喊，要这个不熟悉的人走开。

嗅觉和味觉

嗅觉和味觉的工作方式与触觉略有不同,因为嗅觉和味觉是化学感觉,而触觉是神经感觉,这意味着鼻子、嘴巴可以从空气或液体中捕捉"化学信号",让孩子在被碰触之前就能够做出反应。

嗅觉和味觉有助于孩子与母亲建立起非常牢固的纽带。例如:母亲在怀孕和母乳喂养期间会吃很多自己喜欢的食物,因此母亲闻到或品尝到了什么,孩子也会闻到或品尝到什么,母亲在不知不觉中便向孩子传递了特有的"口味文化"。孩子熟悉这种"口味文化"后,只要闻到相同的气味或品尝到相同的味道,就会更有归属感。

另外,母亲的羊水能使孩子的舌头对味道敏感,如果母亲爱吃甜食,孩子品尝到的就是甜味的羊水,他出生后也会偏爱甜食。研究表明,绝大部分孩子出生后的四个月内不喜欢咸味,这也与孕妇大部分不喜吃咸味食品有关。

母亲通过吃自己喜欢的食物,向孩子传递了特有的"口味文化"。

在怀孕12周之内,做超声检查时要格外小心,因为这时胚胎的主要器官刚刚形成。

孩子会被母亲的气味吸引,请不要使用太多香水!

同样道理，女性怀孕时如果经常接触酒精，孩子出生后也可能会喜欢酒的味道。

因为孩子喜欢母亲的羊水和乳汁的味道，所以孩子出生后更喜欢与母亲在一起。孩子对母亲的"离不开"和母亲的气味、乳汁的味道共同作用，在孩子的情感性大脑中建立丰富的神经连接，让孩子的内心感到温暖。这种温暖的感觉会唤醒细胞，让孩子有能力与疾病斗争，从而让孩子保持健康、强壮。

孩子能靠气味在一群人中认出自己的母亲，母亲的气味还能刺激孩子的唾液腺分泌唾液，从而促使孩子吮吸、吞咽、呼吸。吮吸、吞咽和呼吸也是孩子学习说话、跳舞、阅读、写字等事之前必须学会的技能。

孩子需要进行大量的练习才能正确地把握住吮吸、吞咽和呼吸的节奏，这就是为什么每当有东西触碰到孩子的脸颊或嘴唇时，"看不见的父母"都会温柔地提醒孩子，让孩子做出吮吸和吞咽的动作。

女性怀孕后13周左右，就可以通过仪器看到孩子在吮吸自己的拇指或握住自己的脐带了。有人说，这时的孩子正在进行"极限运动"，他不断地握住脐带，间断性地切断自己的供氧，引起肾上腺素飙升，为自己带来刺激的感觉。事实上，这是夸张的说法，因为这时胎儿的手还没有力量，不会这么容易就"切断"脐带的供氧。

孩子不再退避,而是能够寻求触摸后,每当有东西接触他的嘴唇、面部、手掌和脚底时,就会立即激活吮吸反射、觅食反射和握持反射。这时,一旦他抓住什么东西,就会感到安全、有保障,并开始有节奏地吮吸、抓握,同时完善自己的身体地图。这些反射会增强他嘴唇、舌头、双手和双脚上肌肉的肌张力,强化他的肌肉,以便他能够紧紧地抓住母亲并轻松进食。

由此可见,母亲的气味和味道不仅是与孩子维持亲密关系的纽带,更是让孩子健康成长、提高免疫力、感到安全的保证,还是帮助孩子放松心情、轻松进食和安稳睡觉的"灵药",因为孩子是通过气味和味道知道母亲就在旁边、母亲会照顾自己的。如果母亲不知道自己的气味对孩子健康成长的重要性而大量使用香水、气味较重的润肤露或气味

血管埋在牢固的胶状物质中,可防止由于脐带扭结或打结而中断血液供应。

伦纳特·尼尔森
(Lennart Nilsson)

强烈的洗衣粉，就会造成孩子的困扰，让孩子感到不安。

==孩子很容易受到气味的影响，奇怪的气味比强光、噪声和冷空气更易导致孩子难以与母亲建立亲密关系。==母亲的气味是孩子健康成长的保证，而母亲的本能会让她伸手将刚出生、还没有经过清洗和称重的孩子揽到自己的胸前。研究表明，越是在分娩时几乎没有使用麻醉剂，忍受了巨大疼痛的母亲，这种将孩子揽到胸前的本能越强烈。相反，在分娩时使用了大量麻醉剂，没有感到太大的疼痛的母亲，更倾向于在孩子被洗净之后才将他抱起。

从另一方面来说，如果将刚出生、未被洗净的孩子放在母亲裸露的胸前，让他同时闻着羊水和母乳的味道，孩子会更喜欢母乳。如果先将孩子身上的羊水洗净，他会更容易接受奶瓶。

觅食反射和吮吸反射

女性怀孕12周左右，胎儿会出现觅食反射和吮吸反射，这些反射可以刺激孩子的嗅觉和味觉的发育。胎儿无须吮吸进食，因为有脐带为他提供营养，但如果有东西触碰到他的脸颊或者嘴唇，就会触发觅食反射和吮吸反射，使他脖子和嘴巴周围的肌肉运动起来，寻找触碰到他的那样东西。同样，这是"看不见的父母"有目的地为孩子的将来做的准备，以便他在出生后能够进食。

<mark>觅食反射和吮吸反射能让胎儿张开或闭合嘴巴，还能增强胎儿舌头的力量。</mark>

你可能会问，孩子为什么不环顾四周，看看刚才触碰到他的是什么，而是用嘴巴去寻找呢？这是因为子宫内一片漆黑，加上胎儿的眼睛发育得最慢，他什么也看不见。那么，孩子为什么不听一听方位呢？这是因为他的听觉也还处

嘴、手和脚协同工作，互相刺激，共同发育、成熟，构建并完善身体地图。

拇指与其他四根手指的分离以及脚趾的弯曲与大脑中负责运动和语言的部位紧密相关。

萨莉·戈达德·布莱思
（Sally Goddard Blythe）

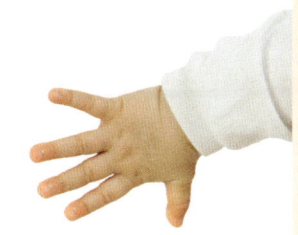

在非常原始的状态,发声、说话的技能更是没有,而触觉、嗅觉和味觉发育得相对较早。==当孩子的其他感官(耳朵和眼睛)尚待发育时,胎儿会依靠触觉、嗅觉和味觉来了解他的身体和周围的世界。==

孩子出生后第一次与母亲进行亲密接触(皮肤与皮肤的直接接触)时,"看不见的父母"也会通过觅食反射和吮吸反射让孩子的嘴巴向母亲的乳头移动,然后完成含乳、吮吸等一系列动作。这时,母亲分泌的雌激素和催产素会增加,孕激素和应激激素会减少,乳房内就会充满初乳,为首次哺乳做好准备。在这个重要的时刻,分娩时的辛苦和母婴双方分泌的激素充当了孩子与母亲之间的桥梁,可以帮助他们迅速"坠入爱河"。

嘴、手和脚的协同工作

觅食反射和吮吸反射不仅能让孩子用鼻子和嘴巴"抓住"母亲,孩子吃奶时,他的手,甚至是脚也会抓住或试图抓住母亲。有时,孩子的手还会揉捏母亲,脚还会有规律地活动。这时我们可以很清楚地看到孩子的嘴、手和脚正在进行协同工作。

第一次哺乳

母乳喂养会省很多事,因为母亲的乳汁可以满足新生儿所有的营养需求。母亲保持丰富多样的饮食还可以刺激孩子的嗅觉和味觉。母亲每次吃了不同的东西时,都可以通过乳汁让孩子的鼻子和味蕾体验新的味道,这会促进孩子的大脑发育,还可以在孩子的眼睛、耳朵和大脑之间建立神经连接。这是因为孩子在吃奶时,会很自然地凝视母亲,还会听到母亲对自己的喃喃低语。

进行母乳喂养的时候是情感性大脑和思维性大脑发育的好时机,孩子进食时是触觉、内部感觉、嗅觉和味觉极度活跃的时间,并且还会用到听觉和视觉。

第一次哺乳时,母亲可能不方便活动,但一定不要错过这个难得的机会——母婴建立亲密关系、恢复体力,孩子进食、建立神经连接。因此,第一次哺乳时,母亲可以寻求有经验的人的帮助,也可以等待医生的指导。如果孩

> 孩子和母亲之间的亲密接触有助于在母子之间建立纽带,让母乳喂养变得容易。
>
> 将一块柔软的毯子贴近自己的身体,然后在适当的时候,用这块毯子包住孩子,这样可以模拟子宫内的环境,让孩子沉浸在母亲的体味中。

出生后，让孩子与母亲进行亲密接触，让他感受母亲的气味和味道，有助于消除分娩时过大的压力对他的影响。

蒂娜·奥特
(Tina Otte)

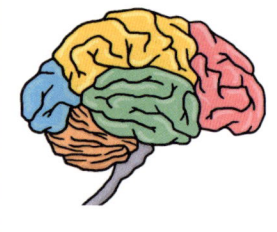

子是早产儿或需要特别护理，母亲可能需要等待更长时间才能进行第一次哺乳，但是等待是值得的！母亲应当尽自己所能确保第一次哺乳顺利完成，尽快与孩子进行亲密接触。如果有条件，母亲可以在乳房上擦上一些自己的羊水，这样能够吸引孩子张开小嘴巴，让孩子尽快与母亲"坠入爱河"。因此，你可以准备一块消过毒的、柔软的布，分娩时用这块布吸一些羊水，然后将湿布扎成一个小球。第一次哺乳时，将小布球靠近孩子的脸，它便会成为母亲与孩子之间的纽带，吸引孩子顺利进食。注意，将布球靠近孩子的脸时不要妨碍孩子的活动。

不要让孩子与母亲的接触完全断开，即使孩子要与母亲分开，也可以用母亲常用的毯子包裹孩子，让孩子在没有和母亲接触时也能闻到母亲的气味。母亲要尽可能远离香水和其他强烈的气味。如果可能，可以进行袋鼠式护理，并尽可能持续更长的时间。

另外,母亲可以经常爱抚孩子:先将孩子的头小心地托在手中,过一会儿再轻轻放下;然后托起孩子的肩膀和手臂,过一会儿再轻轻放下;再托起孩子的双手,之后是身体,最后是双腿和双脚。

奶瓶哺乳

父母应当帮助孩子激活觅食反射和吮吸反射。

BabyGym活动经过多年的实践,已证明能够使母亲和孩子之间的关系更加紧密,甚至能够挽救孩子的生命。

如果用奶瓶哺乳,应尽可能模拟孩子直接吮吸乳头的感觉。因此,奶嘴应与母亲的乳头形状相似;哺乳时母亲要抱住孩子,与孩子进行亲密接触,还要换手抱,模拟换乳房喂养的过程。注意,奶嘴的开口不能太大,否则孩子不是在吮吸,而是在大口吞咽,这样可能会打乱吮吸、吞咽和呼吸的舒缓节奏。

另外,用奶瓶哺乳时,母亲同样要远离强烈的气味,边哺乳边轻轻摆动,与孩子进行目光接触并对孩子喃喃低语。

父亲要做的事

父亲也不能闲着,父亲可以抱着母亲。同样,父亲也应尽量远离强烈的气味,这样孩子就可以通过父亲的气味、抚摸和声音认识父亲了。另外,父亲的胸膛对孩子来说是一个坚实、安全的地方,也可以由父亲来进行袋鼠式护理。

父亲与孩子接触时要多观察孩子,如果孩子觉得陌生,或是暂时不喜欢父亲的气味、多毛的皮肤或硬实的胸膛,可以先试着和孩子进行简单的接触,比如碰触手指。

觅食反射、吮吸反射与大脑发育

退避反射和莫罗反射会使孩子紧张起来,而觅食反射和吮吸反射会使孩子平静下来。觅食反射和吮吸反射可以增强孩子的安全感,通过特定的动作在鼻子、嘴巴与大脑之间建立神经连接,促进大脑发育。觅食反射和吮吸反射还会使嗅觉和味觉变得更"智能",让孩子能将已知的、肯定的事物与奇怪的、具有潜在威胁的事物区分开来。

嗅觉和情绪发育也紧密相关。哺乳时,与母亲亲密接触的孩子是平静、放松的,这也是觅食反射和吮吸反射有助于母婴之间维系亲密关系的原因。研究发现,母亲的气味和乳汁的味道在让孩子保持镇定的状态、增强孩子的免疫力、促进孩子健康成长方面有很大的作用。

对于婴儿而言,觅食反射和吮吸反射可以在皮肤、内部感觉、鼻子、嘴巴与情感性大脑、思维性大脑之间建立神经连接,但对于一岁以上的儿童,持续的觅食反射和吮吸反射会阻碍其身体、智力、情感和认知的发育。

觅食反射和吮吸反射有助于：

· 让孩子保持顺畅的呼吸；

· 让孩子放松身心；

· 母婴双方建立亲密关系；

· 顺利哺乳；

· 孩子精细运动能力的发育。

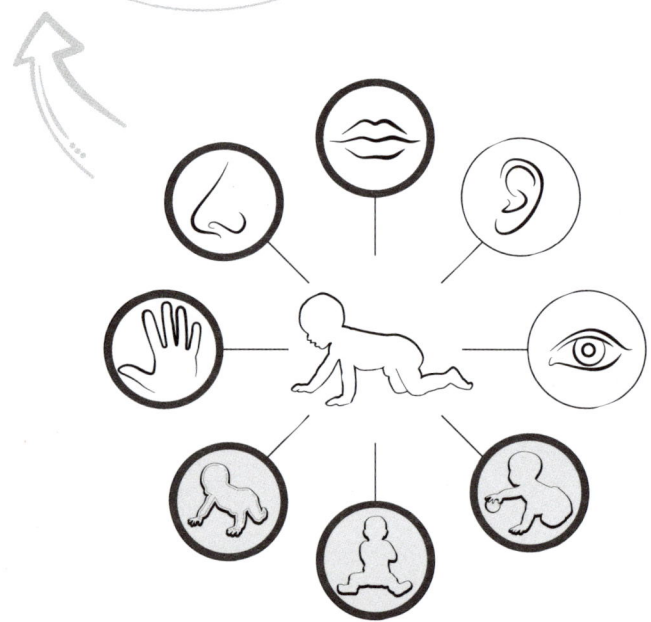

第九章 嗅觉和味觉

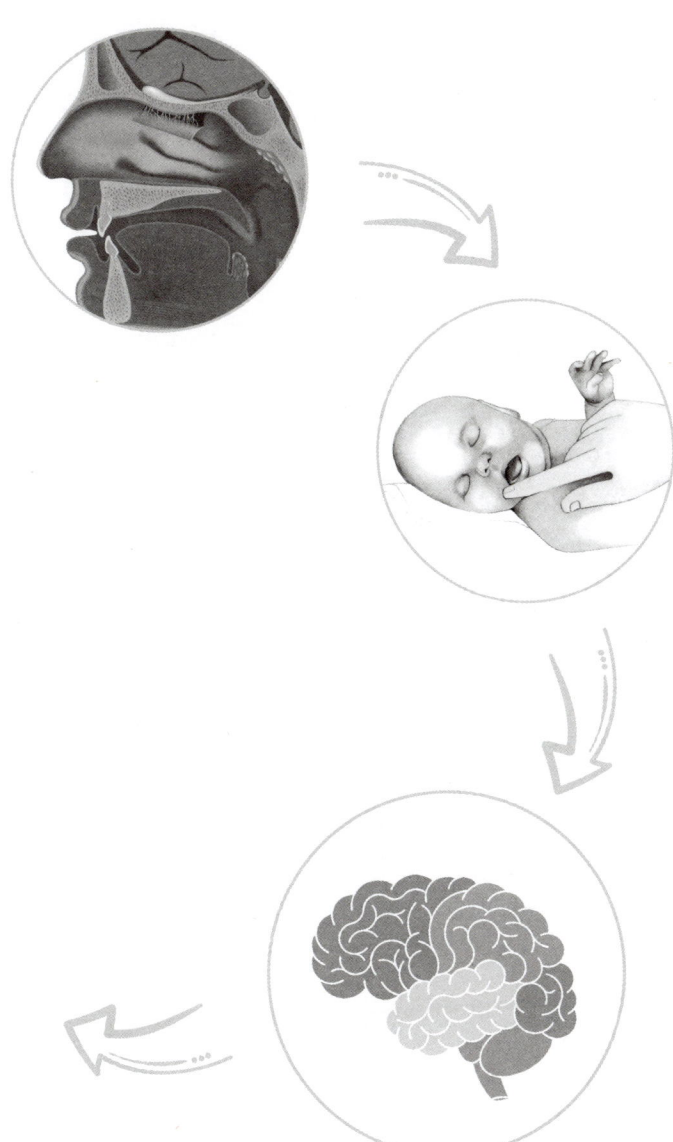

三岁及三岁以上幼儿嗅觉、味觉发育不良的表现

如果三岁及三岁以上的孩子的觅食反射和吮吸反射仍然处于活跃状态,则表明他的嗅觉、味觉与大脑之间的神经连接仍不健全。Mind Moves研究院发现,三岁及三岁以上且有以下行为举止的孩子很可能仍然有嗅觉和味觉发育不良的问题,而这些孩子多是在小时候的哺乳时间不够。

- 经常舔嘴唇,甚至用舌头在嘴唇上画圈。
- 舌头似乎很"沉"或很"懒"。
- 常流口水。
- 吃相难看或不喜欢吃不同口感的食物。
- 语言能力发育慢或说话不清楚。
- 喜欢长时间吮吸拇指,甚至咬头发或衣服。
- 只会咀嚼,不会吸。
- 绘画、裁剪或书写时,嘴巴或舌头也跟着忙个不停。
- 做事缓慢且笨拙,尤表现为书写缓慢且笨拙。
- 情绪很不稳定,需要反复安慰。

能够促进嗅觉和味觉发育的BabyGym活动

·在孩子喝奶之前,或者在他喝奶喝到快要入睡时,有节奏地轻轻按压他的头部的四周。注意要轻轻施加压力并缓慢地释放压力,千万不要碰到他的囟门。

·用一只手的两根手指轻轻向下压孩子的下巴,同时用另一只手的两根手指按摩孩子肚脐的下方。脐带是孩子最初的营养来源通道,同时刺激嘴巴和肚脐有助于帮助孩子从被动进食过渡到主动进食。

·用棉签或刷毛柔软的牙刷轻轻地沿着孩子嘴唇的轮廓勾勒一圈。

·用手指沿着孩子口腔内部的轮廓勾勒,这样做能够帮孩子闭合嘴唇并增强他含乳和吮吸的能力。

·在孩子的手掌和脚背上施加一定的压力,给他按摩。

·如果孩子哭闹不止,可以让孩子含住一个与乳头形状类似的,带有一个较大的唇部按摩器的奶嘴,但要注意奶嘴不能影响孩子的呼吸。

·出生一个月后,孩子鼻子内部的皮肤没有那么敏感了。这时,家长就可以触摸他的鼻子,并让他闻一闻不同的水果、蔬菜的味道了。将食物靠近孩子的鼻子的同时要说出食物的名称。不过,强烈而奇怪的气味会阻碍孩子含乳和吮吸,因此家长在使用清洁剂时要格外小心。另外,清洁剂强烈的气味可能会灼伤孩子鼻腔的黏膜,让孩子产生强烈的退避反射,对孩子的进食和睡眠造成严重破坏。

·在孩子能食用固体食物后,让他品尝之前闻过的食物。

·安静地哺乳,珍惜哺乳时光,因为这是孩子重要的"发育时间"。这段时光很短暂,但产生的效果会永存。父母如果要将孩子托付给其他人照顾,可以给照料者一件母亲常穿的睡衣。

能够促进嗅觉和味觉发育的 Mind Moves 活动

对于有三种或三种以上嗅觉、味觉发育不良表现的孩子,以下这些 Mind Moves 活动会很有帮助。这些活动可以帮助孩子重新建立神经连接,从而使觅食反射和吮吸反射停息,并促进孩子的情感性大脑大的发育。

每天至少做两遍 Mind Moves 活动,每遍每个活动重复三次,需要坚持三周至六个月不等,在孩子的嗅觉、味觉发育不良表现不再明显时便可停止练习。

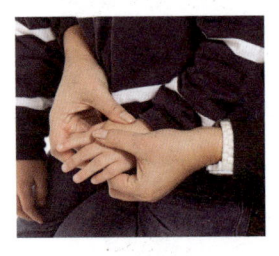

手部按摩

向孩子手掌的骨骼之间施加一定的压力,对手部进行按摩,这样可以让孩子从手腕到手指都得到放松。然后按照从指根到指尖的方向按压手指。之后换手,重复以上步骤。最后让孩子用力张开双手手指,保持八秒。

手指练习

让孩子将食指和拇指相抵并相互施压,保持八秒后松开。然后依次换中指、无名指、小指与拇指相抵施压。注意双手要同时练习。

伸展与握拳

尽量张开双手手指,保持八秒后放松。然后握紧拳头,保持八秒后放松。经常练习这个动作有助于强化手部骨骼,使双手更灵活,对孩子进行清洁、穿衣、进食、使用乐器等活动有好处。

摄影师:伊万·诺代德(Ivan Naude)。

将一块硬糖放进孩子嘴里,让他不要咀嚼,只通过吮吸使硬糖逐渐变小。这样做可以增强舌头和脸颊上的肌肉的力量。

让孩子用舌头舔棒棒糖或冰激凌,但不能将整个棒棒糖或冰激凌放进嘴里。这样做可以锻炼舌头上的肌肉。

让孩子用细吸管喝水和果汁,或用吸管将大滴颜料吹开,在纸上形成不同的图案。

让孩子想象自己吃到了很难吃的东西,然后做出将难吃的食物吐出来的动作。

让孩子使用质感不同的手指牙刷擦拭舌头、牙齿和牙龈。

在吃不熟悉的食物之前,让孩子先吃点儿凉的东西。

让孩子吃肉干、胡萝卜和爆米花,这样可以增强孩子的咀嚼能力,不过要注意防止窒息。

让孩子吹泡泡,并试着抓住吹出来的泡泡。

让孩子学习吹奏长笛或口琴。

揉几个小纸团当球,用两支直立的铅笔当球门柱。让孩子通过吸管吹动小纸团,将小纸团吹进两支笔之间便算进球得分。逐渐增加球与球门柱之间的距离。这样做可以帮助孩子练习深呼吸并学会控制嘴唇。

用润唇膏沿孩子嘴唇的轮廓勾勒,不同味道的润唇膏会让孩子产生不同的感觉。

鼓励孩子吮吸食物,这样做可以促进他的情感发育,帮助他建立自尊心。

第十章

听 觉

五个半月大的胎儿可以用皮肤和骨头"听"声音。

耳朵全天不休地工作,如果对声音信息处理不及时,孩子会难以休息。

女性怀孕几周后,胚胎的听觉就开始慢慢发育了,但直到第27周左右,听觉才会逐渐发育成熟。之后,胎儿可以听到子宫内的声音,也能感知到子宫外传来的声音。不过,胎儿在子宫内时,由于被羊水包围,加上子宫壁和母亲的身体对声音的过滤,他无法清晰地听到外界传来的声音。在出生后的几周内,孩子也无法清晰地听到声音,这是身体保护自己免受太多外界刺激的一种方式。

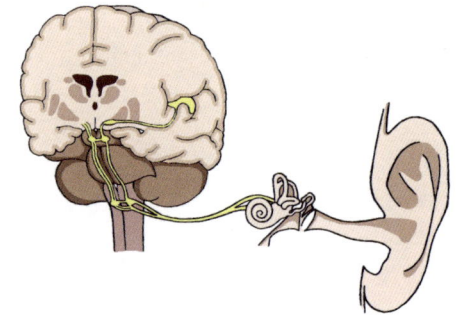

听觉的发育 ◆◆◆◆◆◆◆◆◆◆◆◆◆

胚胎的听觉到 27 周左右逐渐发育成熟并不意味着胚胎在 27 周前感受不到声音的刺激。从理论上来说，从母亲怀孕的那一刻起，胚胎就被声音包围了，这声音就是母亲有节奏的心跳声、肚子发出的咕咕声和母亲说话的声音。母亲的声音对胚胎而言非常特别，因为这些声音不仅会从外面（子宫外）传到胚胎那里的，还会从里面（子宫内）传到胚胎那里。这种感觉类似趴在某人的胸口上听他说话，既能听到从空气中传来的声音，也能听到从这个人的胸膛传来的声音。母亲的声音会通过她的胸骨、脊柱、羊水等的振动传到胚胎那里，这声音就像将鹅卵石扔进水中产生的涟漪一样有节奏地推向胚胎的脊椎，让他耳朵的骨质区域产生振动，使他的三个"水平仪"内的毛发"发痒"，从而使蜗状骨质听力结构"听"到从子宫内传来的声音。

胚胎很早就能感受到母亲的声音，

> 我们听到的声音并非是声音原本的样子。我们听到的声音是皮肤、骨骼、耳朵和大脑中的特定部位对声音信息处理的结果。另外，我们只能听到在特定频率范围内的声音。
>
> 英戈·施泰因巴赫
> (Ingo Steinbach)

比他能通过耳朵听到这些声音早得多,因为真正的听觉只有在皮肤已经发育良好并被毛发覆盖,且毛发对振动敏感后,才能逐渐发育完成。因此,只有当莫罗反射已经帮助孩子在内部感觉与大脑之间建立了完善的神经连接,并且嗅觉和味觉已经发育到一定程度,能够让孩子感到放松,让孩子的毛发放松下来时,听觉才能得到良好的发育机会。

另外,相比于其他感觉,内部感觉对于听觉的发育更加重要,它们需要非常紧密地协同工作。不过,内部感觉先于听觉发育,听觉发育成熟要比内部感觉发育成熟晚很多。这是因为耳朵需要全天不休地工作,即使是在睡觉时。如果内部感觉无法在各种信息进入大脑前进行一定程度的过滤和组织,孩子尚不成熟的大脑就会被信息淹没,导致大脑内发生信息"堵车",从而使孩子焦虑、退缩。这样,孩子就很难自主进食或按期到达运动里程碑,甚至会出现发育迟缓或智力障碍等问题。这就是有的孩子反应并不慢,但总给人反应迟钝的感觉的原因。另外,如果错过某个或某几个运动里程碑,孩子很容易感到迷惑、焦虑,甚至最终无法发声。

"母语"

听觉和语言的联系非常紧密,孩子必须先会听才能会说。因此,如果胚胎的其他感官发育良好,并且从第28周起,他的耳朵也发育良好,那么接下来他便有约三个月的时间来学习"母语"——母亲的语言。在这三个月里,胎儿会学习母亲发出的每一种声音,这样,他出生后就能适应母亲所处的文化环境并产生归属感。

如果父母的语言不同会发生什么呢?如果父母的语言不同,且在孩子出生前,父亲能花大量的时间陪伴母亲和孩子,那么孩子出生后也会很容易学会父亲的语言。

在孩子一岁前,他的耳朵可以接收地球上的任何一种语言。只要有人只使用某种语言与孩子说话,他就能学说该语言。但如果同一个人对孩子说不同种的语言,便会使孩子混乱。

一岁后,孩子会慢慢失去接收不经常听到的语言的能力,"自动删除"使用频率低的语言。此后,孩子会越来越擅长母亲所说的语言。如果说不同语言的父母决定让孩子掌握父亲所说的语言,那么父亲要经常和孩子说话(即使他一个字也听不懂),这样孩子就会转而学习父亲所说的语言。学习语言,需要先用耳朵听,而后才会用嘴巴说。

刺激听觉发育

孩子出生后的六个月内,如果发生耳部感染,很可能会导致听力和语言能力发育不良。这是因为耳部感染会阻碍内部感觉的发育,而内部感觉发育不良会阻碍听觉的发育。如果孩子经常需要让别人重复说才能听明白一句话,则很可能是出现了听觉发育不良的情况。

婴幼儿的耳部受到感染后——尤其是在他学习"母语"的时期——他的活动能力和听力也会受到影响,但父母很难发现。可是,如果这个时期的孩子听力不佳,他的语言、情感、社交和认知的发育就会受到影响,因此父母一定要重视起来。

> 母亲很难发现婴幼儿的听力不佳,因为母亲有一种非常特别的说话方式,我们称之为"妈妈语"。"妈妈语"的音量很大、声调很高,但语气轻松,常伴有手势。"妈妈语"很神奇,孩子即使听不懂"妈妈语"的具体内容,也会做出相应的反应。因此,孩子出生后最好尽快带他去做听力筛查。

父母与孩子交谈或玩游戏可以刺激孩子听觉的发育。研究表明，孩子更喜欢听人说话而不是听收音机或电视机的声音，但如果有收音机或电视机的声音干扰，孩子会很难听到父母的讲话。这会使孩子学会"充耳不闻"，从很小就开始就学会不理会某些声音。如果父母想要激活孩子的听觉，让他学会说话，就要一次只让孩子听一种声音、讲一件事，比如听父母讲故事、唱歌，或听电视中播放的音乐。

在教孩子说话的同时，还要记得教孩子安静下来，即教孩子学会停止，做到有始有终。另外，还要给孩子一些时间来"归档"当天学到的新词，不要一直向他灌输新知识。如此做，他不仅能听，还能慢慢地学会运用这些词，将它们说出来。

父亲的声音和母亲的声音不同。父亲的声音会刺激孩子的大脑，建立新的神经连接。

听觉的重要性

当有人拿着一杯热腾腾的咖啡向孩子走来,或园丁提着割草机向孩子走来,或一条发怒的狗在孩子附近狂吠时,如果孩子不能判断这些危险的方向,就很容易受伤,而经常受伤的孩子会感到恐惧和不安。同样,如果孩子判断不出来父母说话的语气是生气还是开心,或理解不了别人的话是对他的表扬还是批评,他可能就不能正确地表达自己的情感,也对别人的感受和情感不敏感,从而造成社交困扰,这样下去他会变得对他人漠不关心或常常咄咄逼人,无法与同龄人打成一片。

听觉对情商和社会关系的发展非常重要。如果没有听觉,孩子会表现出情感上的不成熟。而如果情感发育不成熟,思维性大脑的发育就会受到影响,而反射性大脑会被强化,进而使孩子学习名称、颜色、形状和数字变得非常困难。因此,尽早带孩子去做听力筛查是

过度使用抗生素会损害前庭系统和内耳的毛细胞。过早接触氨基糖苷类抗生素(如卡那霉素、链霉素、庆大霉素等)可导致耳聋或永久性前庭功能障碍。因此,婴幼儿和孕妇不宜使用氨基糖苷类抗生素。

利塞·埃利奥特
(Lise Eliot)

很有必要的。

另外，父母可以根据以下情况对孩子的听觉发育情况做出大体判断。如果孩子有以下任何一种情况，则表明他的听觉可能有问题。

- 不害怕他人大力敲打物品或打雷的声音。
- 喜欢发出刺耳的声音。
- 不会将头转向声音发出的方向。
- 常常很安静。
- 基本不会咿呀学语。

听觉发育不良可能是天生的，也可能是耳部受到感染后导致的，还可能是服用了对听觉有伤害的抗生素或被很大的噪声影响的。有听觉障碍的孩子需要专业、正确的帮助，才能成长为快乐、健康、聪明的孩子。

失聪

如果孩子不幸患有永久性失聪,那"看不见的父母"就会刺激其他感官与大脑重新建立神经连接,以此来"接手"听觉的工作。这样,孩子可能会用更加直观的方式表达自己的意思,学会用手语来与人交流;他的运动能力可能会变得特别出色,在体育方面他可能会有突出的表现;他的嗅觉和味觉可能会变得非常敏感,也许他在未来能成为著名的厨师。当然,他也可能只需要一个助听器,或者一个人工耳蜗。不过,无论结果如何,家长都必须做好准备,花费更多精力来帮助失聪的孩子建立神经连接,让孩子追上发育的脚步。

总之,听觉的功能之一是接收信息,收听需要的声音并学习"关掉"干扰的声音。听觉的另一个功能是确定方位,躲避危险。另外,倾听能够帮助孩子学会与他人交谈,这会使孩子更容易交到朋友,找到归属感。

> 听觉过度灵敏和失聪一样糟糕。无法过滤声音并专注于有用的声音会影响孩子的情感、语言、行为和学习能力。
>
> 萨莉·戈达德·布莱思
> (Sally Goddard Blythe)

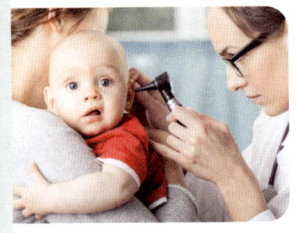

孕妇患风疹、巨细胞病毒感染、弓形虫病、生殖器疱疹或梅毒可能导致孩子在出生前就失聪。

紧张性迷路反射（TLR）与孩子的发育

耳朵的发育非常重要，因为前庭系统和耳蜗都在耳朵内。前庭系统参与整合进入大脑的感觉信息，同时也能调节肌张力，把控着信息的输入和输出。功能良好的前庭系统有助于肌张力的运用和对运动的计划。

耳朵还能够捕捉声波的振动并将其传给大脑，大脑可以确认这种声音是否已知，是否存在危险，这对情感发育至关重要。另外，由于语言是智能思维和认知发展所必需的，而孩子要先学会听才能学会说，因此耳朵的发育对语言能力的发育也至关重要。

紧张性迷路反射是内耳迷路的椭圆囊和球囊的传入冲动对躯体伸肌紧张性的反射性调节，表现为仰卧位时四肢易伸展，俯卧位时四肢易屈曲。

==紧张性迷路反射帮助孩子在耳朵与大脑之间建立紧密的神经连接，有助于==

紧张性迷路反射会使孩子的身体弯曲。

对于内部感觉来说，坐着或站着不动比不断活动更好。而孩子受原始反射控制时，内部感觉会不断地进行重新计算，这会导致大脑无法主动地计划行动。

孩子颈部和身体核心部位的发育，能够促进孩子方向感的发育，进而提高"身体智力"（身体机能、健康管理、身体素质等方面的品质，包含力量、灵活性、弹性和耐力）。孩子在身体、注意力和语言方面的发育都离不开身体智力。

紧张性迷路反射还能够促进孩子听力的发育。紧张性迷路反射可以让孩子保持头部和身体核心部位的稳定性，这有助于孩子确定声音的方位，也有助于孩子凝视他人和倾听他人的话语。孩子可以通过听来确定危险的范围并躲避危险。

对婴儿而言，紧张性迷路反射是积极的，它可以帮助孩子在皮肤、内部感觉、鼻子、嘴巴、耳朵与大脑之间建立神经连接。但对于一岁以上的儿童，持续的紧张性迷路反射会阻碍其身体智力、情感和认知的发育。

紧张性迷路反射有助于：

· 增强孩子躯干的力量；

· 让孩子学会不同的姿势；

· 让孩子学会倾听；

· 帮助孩子学习语言；

· 促使孩子进行思考。

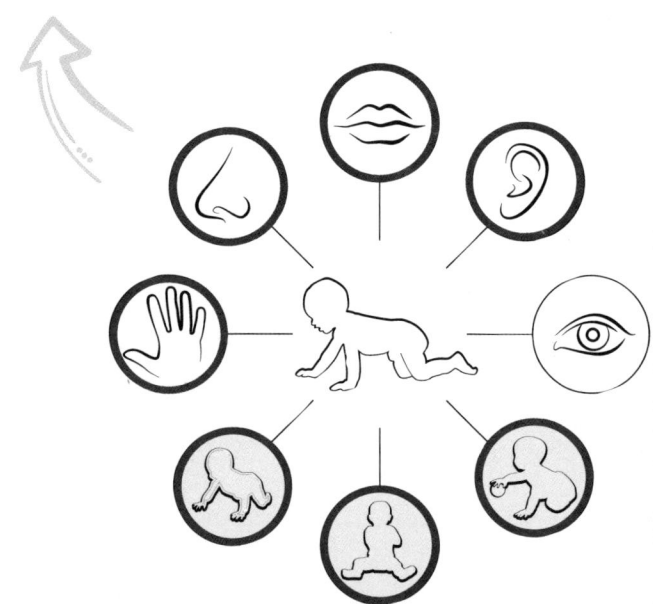

第十章 听觉

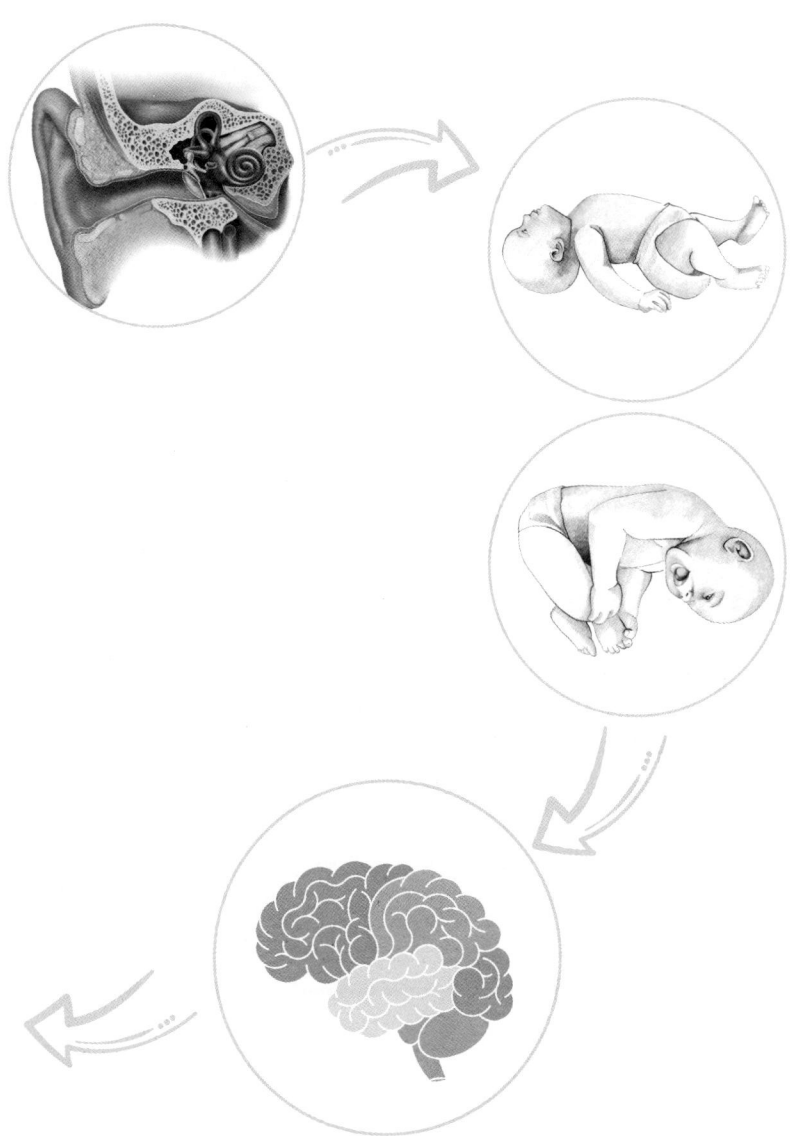

三岁及三岁以上幼儿听觉发育不良的表现

紧张性迷路反射仍处于活跃状态的孩子听力较差,对方位的感觉也较差,常常无法快速理解某样东西在哪里。这样的孩子还可能表现为口齿不清,空间感差,难以判断距离、深度、力量和速度,需要靠投球、测量等方法体验空间,甚至不会自己穿衣。由于内部感觉和听觉密切相关,听觉发育不良还会影响孩子计划运动的能力、精细运动的控制能力和完成任务的能力。另外,由于空间感的混乱,孩子在认字母、认数字、拼写和书写方面都会受到影响,还可能常常感觉自己受到了威胁,对触摸做出抵抗、僵立或躲避的反应。

如果孩子有以下表现,则表明他的紧张性迷路反射仍处于活跃状态,甚至需要在他的耳内植入听力装置(如人工耳蜗)来改变现状。

· 肌张力低。

· 对头部和颈部的控制能力差。

· 躯干稳定性差。

· 跪坐时腿呈"M"形——膝盖向前,脚趾向后,臀部坐于两脚之间。

· 无法笔直地坐在椅子上,即大腿和膝盖、小腿和脚踝之间无法呈90°。

- 平衡感差。
- 无法将盘中的饭菜吃干净。
- 恐高,甚至害怕上下楼梯且下楼梯时必须抓住扶手。
- 害怕走悬桥或石板、甲板。
- 多动,因此很容易疲劳。
- 不能集中注意力。
- 经常问"你说什么",需要别人重复对他说的话。
- 对响亮或突如其来的声音过度敏感或非常不敏感。
- 无法按照要求和按顺序行事。
- 存在阅读障碍或书写困难。
- 对声音或指令反应迟钝。
- 感知不到声音的来源。
- 说话很大声。

能够促进听觉发育的BabyGym活动

实践表明，BabyGym活动可以大大提高孩子各方面的能力，并且不会对孩子造成伤害，只要孩子喜欢这些活动就可以多多练习。在孩子一岁之前，每天至少做两遍以下BabyGym活动效果会更好。

· 父母对孩子说话、唱歌、读书，这是最好的听觉刺激。

· 为孩子播放音乐，以提高他耳朵的敏感度。

· 用食指和大拇指轻轻捏住孩子的两个耳垂，捏一会儿后同时自上而下地按摩孩子的双耳。这样做可以促进听觉与大脑之间神经连接的建立。如果孩子抗拒这个活动，可以一次只按摩一只耳朵，但越是需要这样的按摩的孩子最初越是抗拒，因此要经常给他按摩，不要放弃。当孩子开始享受这样的按摩时，就表明他的触觉和内部感觉已经发育得比较好了，大脑内的听觉地图也已经绘制得足够完善了。

· 孩子趴着时会反射性地试图抬起头，因此俯卧可以增强颈部肌肉的力量，这是让孩子保持良好的听力和体态所必需的。即使孩子不喜欢俯卧，也要让他练习俯卧，开始练习得越早，他就越容易喜欢上俯卧。练习俯卧还对孩子未来学习拼写、阅读和书写有好处。如果俯卧对孩子来说很困难，家长要在孩子练习时加强看管，保证他的安全，最好让他俯卧在父母的胸膛上。

·购买一件可以发出优质声音的乐器或玩具,让它发出声音,然后将它靠近孩子头部的左侧,再慢慢靠近孩子的左耳,等待孩子将头转过来。这可能需要一段时间,请耐心等一等。之后,再慢慢地将这件乐器或玩具移向孩子的右耳,不要让孩子看到物品的移动,要让孩子靠听觉来转头。孩子可能需要几周的时间才会跟着声音转头,因为绘制地图需要时间,父母无须惊慌或沮丧。如果三周后孩子依然没有反应,建议带他去做听力筛查。钥匙碰撞发出的声音是孩子最喜欢的声音之一,但手机的声音不是。

·每次为孩子更换尿布时都播放相同的音乐或打开同一个音乐玩具,不过要在不同的地方播放音乐,让孩子通过转头来找到声源。很快,孩子就会在更换尿布时主动转头,期待听到音乐。

·选择一首好听的催眠曲,在孩子犯困时播放或轻轻唱出,同时将他放到床上。

能够促进听觉发育的Mind Moves活动

对于有三种或三种以上听觉发育不良表现的孩子,以下这些Mind Moves活动会很有帮助。每天坚持做这些活动,直到孩子的听觉发育不良表现不再明显为止。这需要时间,但肯定值得!

按摩耳垂

让孩子从上至下以画圈的方式同时按摩两个耳垂,重复三次。

转动头部

让孩子笔直站立,想象自己的头是一颗珠子。吸气,慢慢地将头尽可能地向左转,保持八秒,同时慢慢呼气。然后再一次慢慢地吸气,将头尽可能地向右转,保持八秒,同时慢慢呼气。重复三次。

转动躯干

让孩子仰卧,双臂向两侧伸平,弯曲双腿,大腿尽量贴近腹部,膝盖放于胸前。让孩子保持双臂贴在地面上不抬起,慢慢地将躯干向左转,并保持膝盖在胸前,双腿跟着躯干同时转动。待左膝盖左侧碰到地面或躯干转到极限后,再慢慢地向右转。这个动作可以刺激内部感觉、听觉和相关的肌肉群。

摄影师:伊万·诺代德(Ivan Naude)。

让孩子坐在健身球上画画或写字。

玩"开始、停止"游戏,比如抢椅子。

跳蹦床。

让孩子躺在滑板车上,家长推着他在坡道上上下滑动。

让孩子站在平衡健身球上,试着让自己保持平衡。家长要保护好孩子的安全。

> 大脑功能发育完全后,身体各部分就会很协调,学习就会变得容易,行为举止就会自然得体。
>
> 琼·艾尔
> (Jean Ayre)

让孩子在阅读时用手指或记号笔指着读,这样做还可以帮助眼睛聚焦。

给孩子明确的指示并让他照做,一次一件事即可。

在保证安全的前提下,让孩子学习骑马。

第十一章
视 觉

孩子最先通过触觉、嗅觉和味觉来"看",然后才会用眼睛来看。

视觉在触觉的基础上发育而成。

简·卡雷罗
(Jane Carreiro)

因为子宫内一片漆黑,所以胎儿的眼睛比其他感官发育得慢得多。不过,在孩子出生后,当他从出生的劳累中缓过神来、睁开眼睛后,眼睛就开始快速发育了。新生儿睁开眼睛的早晚与其视觉的发育没有直接关系。

女性怀孕后不久,胚胎的眼睛就开始发育了,不过因为眼睛是所有感官中最复杂、最高级的,需要绘制的地图也是最复杂的,所以眼睛、视觉通常需要几年的时间才会真正发育成熟。

眼睛与视觉的发育

女性怀孕三周后,胚胎上会形成两个泡泡,泡泡之后会"放气",呈杯子状,之后逐渐发育成孩子的双眼。在第五周,"杯子"内开始形成视网膜和晶状体,还会出现与发育中的大脑相连的"柄"。到了第八周,"杯子"会向外突出,并有眼睑保护。在接下来的几周内,眼睛缓慢发育,思维性大脑会形成大约一亿个神经细胞,好让孩子在出生后可以看到东西。

孩子的视觉能力在很大程度上取决于得到的刺激。品尝羊水的味道、吮吸自己的拇指、在子宫内活动、听母亲的心跳……这些都是对于感觉的刺激,可以建立相应的神经连接,为孩子的出生做好准备。

孩子出生后,当他第一次看到自己的拇指时,他是不知道自己正在看的是自己的拇指的,只有当他把拇指放进嘴里"品尝"和"触摸"时,他的大脑才会把视觉信息与以前的感官经验结合起来,完善相应的感官地图。这个过程在孩子出生后的几个月内就会自然而然地发生。

两种视觉

人类有两种视觉,孩子的大脑需要与这两种视觉分别建立神经连接。

第一种视觉:不看就知道在哪里。

第二种视觉:看到才知道是什么。

"不看就知道在哪里"其实是一种本体感觉,在除眼睛外其他感官的帮助下,这种本体感觉先于"看到才知道是什么"发育。例如:孩子在子宫内第一次触摸到自己的脸颊是完全偶然的,但经过几次这样的偶然后,孩子会开始知道手碰到脸颊时手的位置,也会慢慢知道如何移动自己的手才可以碰到脸颊。

这就像我们有内部感觉和外部感觉一样,"不看就知道在哪里"是我们的内部视觉,而"看到才知道是什么"是我们的外部视觉。外部视觉指用眼睛看,而内部视觉则与本体感觉、内部感觉有紧密的联系。这也是孕妇要经常活动的原因,因为她去哪里,她的孩子就会去哪里,她去的地方越多,她的孩子去的地方就会越多,这样,她的孩子的内部视觉和外部视觉之间的联系也就越多。==因此,能让孩子的内部视觉真正"变聪明"的是母亲的活动。==

孕妇的活动能使孩子的三个"水平仪"工作起来。例如:母亲走向前,从橱柜中取出东西,然后向后退一步,关闭橱柜门,这一系列动作可以激活孩子向前、向后的感觉;母亲上楼梯去卧室睡觉,然后下楼梯去餐厅吃早餐,这一系列动作可以激活孩子向上、向下的感觉;母亲购买衣服,付完账后转身离开,这一系列动作可以激活孩子旋转的感觉。

不过,相比于活动,更难也更重要的是停止。孩子不能无节制地活动下去,停止不仅能让孩子学会控制肌肉,还能让他学会放松肌肉。控制肌肉和放松肌肉都能够增强肌张力,而只有肌张力足够,孩子才能学会坐直、爬行和行走,才不会倾倒、滑行和跌跌撞撞。

母亲做什么,孩子就会做什么;母亲经历了什么,孩子就会经历什么。

盲人通过触觉、嗅觉、味觉或他人的描述,在自己的大脑中形成"视觉景象",从而绘制视觉地图。与视觉正常的人相比,盲人的视觉地图与除视觉外的其他感官的联系更紧密。

孩子看世界的方式

母乳喂养时间是促进孩子视觉发育的好时机。

嘴是孩子的第一只"眼睛",孩子总会先用嘴"看"物品。

女性在怀孕后的第18~20周会感觉到孩子在肚子里踢她,这表明孩子的视觉已经发育到一定程度了。子宫内没有光,孩子即使真的能看,也看不到自己的手臂和腿。不过他会把头转向手臂和腿,好像是在看。因此,当孕妇感觉到孩子在肚子里踢她时,那是她的孩子正在练习"看"。

孩子刚出生时是透过一道"蒸气门"看世界的,他看到的世界是朦朦胧胧的。这有助于保护他的眼睛,使眼睛免受强光的刺激。此时,孩子只能看到父母的脸的轮廓,看不清眼睛、鼻子和嘴巴。之后,通过不断练习,孩子慢慢地可以在吮吸母乳时学会注视母亲的眼睛。孩子刚开始看到的母亲的眼睛就如同白色背景上两个有光泽的、会转动的斑点。母乳喂养时,母亲的脸不是在孩子的正前方,而是在他的一侧,而往一侧看是孩子还在母亲肚子里时就学会的

技能，是孩子在母亲肚子里待到第18周后就一直在练习的姿势。因此，母乳喂养对孩子的视觉发育有利。

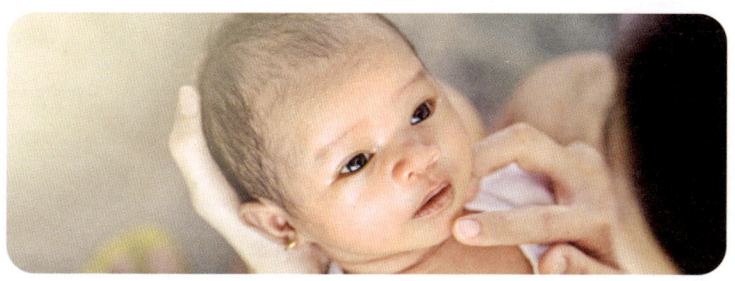

你知道吗？

- 婴幼儿很少患白内障，但一旦患了白内障，婴幼儿的视力就会受到永久性伤害。因此，在出生时对孩子进行白内障测试是很有必要的。
- 弱视和斜视是很难自然恢复的。对于患有弱视或斜视的孩子，我们可以多与他进行眼神交流，让他看各种颜色鲜艳的、移动的物体，或将一个能发出声音的彩色玩具从他头部的一侧移动到另一侧，让他用眼睛去追踪物体。另外，经常俯卧也对患有弱视或斜视的孩子很有帮助。

孩子出生后的前14个月是建立神经连接和绘制地图的最佳时间!

两只眼睛的团队合作

当孩子能看得更清楚后,就需要学习控制自己的眼睛了。在出生后六个月内,孩子必须学会控制自己的眼睛,让两只眼睛像两匹马共同拉车一样协同工作。如果两匹马不能一起奔跑,马车就会翻倒。同样,如果两只眼睛不能协同工作,大脑就会感到困惑,并忽略视力较弱的一只眼睛所传来的信息。

如果孩子出生三周后双眼仍不能初步协同工作,以后也基本不可能自我纠正。因此,最好早点儿为孩子做相关检查。

只有双眼协同工作,孩子才能判断楼梯的高矮、游泳池的大小等。但是,即使孩子看得到楼梯很高,他的大脑也不能判断出这个高度对自己来说是危险的。因此,我们要为孩子着想,让他远离楼梯、游泳池等。我们要教给孩子这些东西的作用和危害,直到孩子的思维性大脑能对这些事物做出响应,并能开始思考和推理。

感觉性大脑和思维性大脑

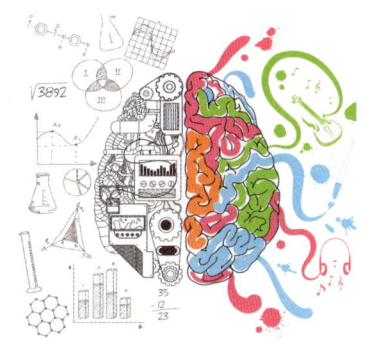

孩子的触觉、内部感觉、嗅觉、味觉更多地与感觉性大脑相连，而听觉和视觉更多地与思维性大脑相连，两只耳朵和两只眼睛分别与思维性大脑的两侧"对话"——左侧是"逻辑和语言大脑"，右侧是"想象和艺术大脑"。这两部分大脑都需要通过长时间的娱乐和嬉戏来刺激，才能很好地绘制地图并建立密集的神经连接，以保证它们能良好地运作。而孩子只有在思维性大脑完成相应的地图绘制和神经连接后，才能学会拍手、挥手道别、拿起玩具并从一只手传递到另一只手上、爬行、走路、说话……

许多人认为孩子学会走路和说话是自然而然的事情，就像孩子会长高、变重一样，其实不然。大脑是一个神奇的器官，它需要学习很多东西才能"长大"。孩子出生后的前14个月是非常宝贵的，因为这是他一生中建立神经连接和绘制地图的最佳时间！

非对称性紧张性颈反射（ATNR）

眼睛是所有感官中最后发育成熟的，它非常脆弱，并且只有在其他感官发育成熟后才能保持稳定。因此，如果任何感官发育不良或受伤，都可能影响到眼睛的发育。

莫罗反射使孩子的双臂和双腿同时伸展、收拢。紧张性迷路反射使孩子的双臂和双腿根据头部位置伸展或收拢。而非对称性紧张性颈反射可以使孩子一侧的手臂和腿伸直，而另一侧的手臂和腿弯曲。同时，孩子的头部会转向伸直的手臂和腿的那侧，好像在观察自己的手臂和腿。

非对称性紧张性颈反射以反射性的单侧身体动作在眼睛与大脑的特定部位之间建立神经连接，让孩子能够感觉到身体中线。因此，身体稳定、感觉输入顺畅、肌肉有力且协调是眼睛最终成熟所必需的条件，"眼智能"是非对称性紧张性颈反射发起的重复动作作用的结果。"眼智能"指两眼以准确的方式协同工作，能够适应、聚焦、感知和解释光的振动。眼智能的发育先于手眼和脚眼的协调。

对于婴儿来说，非对称性紧张性颈反射具有积极的意义，因为它会在感官、肌肉和思维性大脑之间建立神经连接。但对于一岁以上的儿童，非对称性紧张性颈反射仍然活跃会阻碍其身体、情感、社交和认知的成熟以及学习的进步。

非对称性紧张性颈反射有助于：

· 孩子理解身体中线；

· 孩子形成优势侧；

· 孩子的大脑发育；

· 孩子眼睛的注视、聚焦；

· 孩子的手眼协调；

· 孩子的脚眼协调；

· 孩子知觉灵敏度的提升。

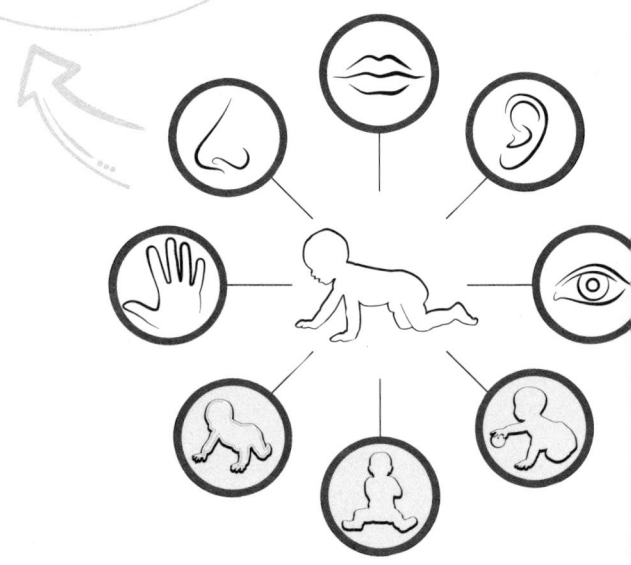

第十一章 视觉

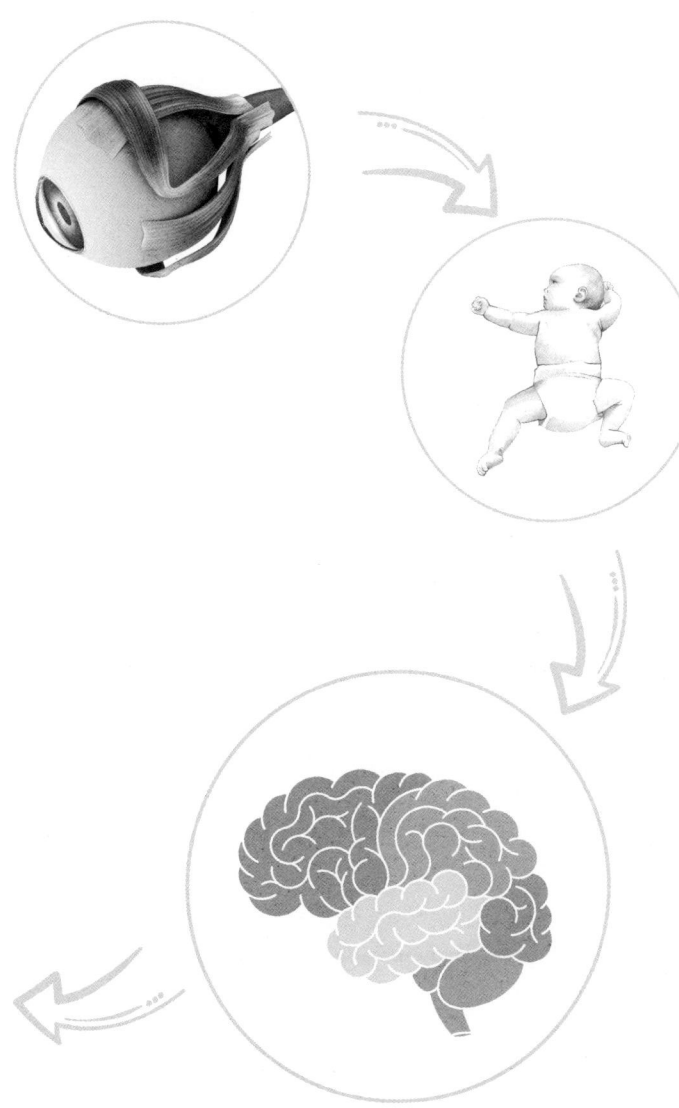

非对称性紧张性颈反射与头部活动 ▸▸▸

非对称性紧张性颈反射可以让孩子将头从一侧转到另一侧。这样,在哺乳时,当母亲将孩子从一侧乳房换到另一侧乳房时,孩子也可以转个头调整一下,继续轻松地吮吸。

孩子出生后,内部感觉需要与视觉相适应,将感觉到的与看到的联系起来,这时,能够左右转动头部就显得非常重要了。

在出生前的几个月内,胎儿会不断地转动头部,伸展手臂和腿,这可以让他感受到自己的手臂和腿所能伸展的距离,感受到这些活动的大趋势。孩子出生后,当他伸直手臂时,非对称性紧张性颈反射会让他的头自动转向伸直的手臂那边,观察这一活动,这就可以让他将曾经的感觉与现在看到的活动联系起来。这也是孩子在出生后的前两个月内更容易看到侧面的事物的原因。两个月之后,孩子才会慢慢地习惯看眼睛正前方的事物。

非对称性紧张性颈反射与翻身

孩子在出生后的前几个月里只会将头部从一侧转向另一侧，之后才能学会跟着缓慢的动作或颜色鲜艳的玩具转动头部，才能学会直视眼前的东西。在孩子学会注视在自己眼前的东西之前，左右转头有助于他学会翻身；而在学会注视之后，他就差不多能够学会在没有支撑的情况下坐立了。

我们要鼓励孩子向两侧翻身。孩子往往会有自己偏爱的一侧，经常只向这一侧翻身，因此我们更要鼓励他向不偏爱的那侧翻身。向两侧翻身可以促进孩子内部视觉的发育，有助于他区分左右手，还能让他知道身体有左右两侧，左右中间有一条假想的分界线——身体中线。

能够感受到身体中线对孩子上学很有帮助，因为字母和数字大都是围绕中线书写的，它们或者在中线上（如i、1），或者在中线的左侧（如a、d），或者在中线右侧（如b、r）。如果孩子经常只向一侧翻身，就很难对身体中线有明确的意识，这会造成他在阅读、书写、拼写和计算上的困难。

非对称性紧张性颈反射与绘制地图

非对称性紧张性颈反射对整合和扩展感觉地图很重要。孩子在从俯卧到仰卧,从躺着到坐起来的一系列运动中会绘制很多地图,他需要不断将这些地图重叠、合并。因此,孩子需要做大量的翻滚练习,需要学会将头和身体向上抬起以注视位于他正前方的玩具……这样,孩子才能建立更多的神经连接,才能更熟悉这些地图并对其进行整合。

注意观察孩子是否对光过于敏感。

如果在较亮的环境中,孩子不敢睁开眼睛,就说明他对光过于敏感。

如果是这样,千万不要拉上窗帘,要慢慢地让孩子的眼睛暴露在明亮的日光下。

三岁及三岁以上幼儿视觉发育不良的表现

· 常表现得很焦虑。

· 与他人没有目光接触或无法保持目光接触。

· 不会用四肢爬行,而是用屁股蹭着地向前移动。

· 不能很好地感知身体中线。

· 无法形成优势侧。

· 坐不稳。

· 头部不能独立转动,如果头部转向一侧,手臂和腿也跟着转向那一侧。

· 对周围的环境不感兴趣。

· 行动时看上去很笨拙、不协调。

· 走路时会兔子跳。

· 偏好同侧活动,比如顺拐。

· 不会跳跃和奔跑。

· 从左或向右看时,眼珠却转向中间。

· 无法画出对称的图画。

· 不会握紧东西,常为轻抚。

· 视觉感知力差。

- 不喜欢阅读或写字。

- 阅读时摇头晃脑。

- 喜欢将书本旋转90°阅读。

- 对于同一件事，口头表达与书面表达不一致。

- 手眼协调能力差。

- 学习时需要占着整张桌子，不能待在桌子的一侧。

- 读书时不喜欢将书本放在双眼的正前方。

- 书写时偏向纸的一侧，不能写在纸的中间。

- 斜着写字，文字成行地倾斜，书写符号时有困难。

- 常反着做动作或镜像书写。

- 书写时常从离本子或纸张边缘很远的地方开始写。

- 顺序技能差，比如难以理解或应用数学中的单位的转化、十进制等。

> 视觉发育不良是一些孩子不喜欢写字和阅读的原因。

能够促进视觉发育的BabyGym活动

·多与孩子进行眼神交流，与孩子说话时让他转动头部，从不同的方向与他进行眼神交流，这样做有助于孩子练习聚焦。

·每隔几天就更换一次孩子床头挂件的位置或者换新挂件。挂件不需要多贵，旧光盘就很好，箔纸或卷发夹也可以。这样做可以吸引孩子的注意力。注意不要把这些小玩意挂在孩子能够拿到的地方，因为他会将它们放进嘴里！

·孩子往往喜欢注视特别的物体。用婴儿车带着孩子外出时，可以在车顶挂一个会发出声音的玩具。

·俯卧是非常有用的健身方式，因为紧张性迷路反射会让孩子的脖子和后背弯曲或放松，这有助于孩子练习向上看、向下看。

·平躺对孩子同样重要。平躺时，非对称性紧张性颈反射会让孩子的头跟着自己的手移动，让眼睛从一边看向另一边。平躺还能锻炼孩子脖子、肚子、背部、手臂和腿部肌肉的肌张力，也能促进孩子手指和脚趾上肌肉的生长。

·让孩子仰卧在大人的大腿上，抓住他的手，轻轻地、平稳地将他拉到坐姿。这样做能够增强孩子腹部和背部肌肉的力量，对他的视觉发育也很有帮助。刚开始这样做时，需要完全由大人发力，慢慢地，孩子会自主用力，试图坐起。

·不要一次性将所有玩具都拿给孩子玩。一次只给他一件

> 切勿给孩子使用起支撑作用的玩具或辅助工具。如果孩子还不会坐立或行走，那是因为他的肌肉尚未准备好，我们要做的是增强他的肌肉力量，而不是辅助支撑。

> 强健的腹部肌肉可以帮助眼睛更好地工作。

玩具，几分钟后换一个。

· 将色彩鲜艳的玩具放在颜色单一的地方，或将颜色单一的玩具放在色彩鲜艳的环境中。这样做有助于孩子眼睛聚焦。

· 购买一面可以立起来的小镜子，在孩子俯卧时，将镜子放在他眼前，他会很开心的！注意镜子要牢固，以免被孩子碰倒。

· 在孩子能控制自己的头部后，带他四处走动时可以说出看到的事物的名称。孩子能从大人的声音中拾取有用的信息，这些信息会让他知道该做出什么反应。我们每次与孩子交谈时，建立的不仅是一条通往听觉中心的通道，还是一条通往视觉中心的通道，这对智力的发展非常重要。

· 将玩具藏在毯子或衣服下，几秒后拿开毯子或衣服，露出玩具。重复几次后，孩子就能自己将玩具找出来了，这时记得要表扬他。

・将玩具分成两堆，一堆绿色的，一堆红色的。将红色的玩具放在孩子身体的一侧，将绿色的玩具放在孩子身体的另一侧。等孩子大一些后，可以将这些玩具混在一起，然后握着孩子的手逐个捡起，并将它们分开摆放，让他帮忙整理玩具。

能够促进视觉发育的Mind Moves活动

对于有三种或三种以上视觉发育不良表现的孩子,这个Mind Moves活动可以帮助他们重新建立神经连接,从而使非对称性紧张性颈反射停息。

鼠标垫

眼睛对于大脑,就像鼠标对于电脑一样。眼睛向上、向下、向左、向右看或直视前方时,分别会与大脑的不同部分进行连接。

让孩子举起一只手,做点赞状,并将手放在距离眼睛一肘的位置上。向上移动拇指,先向左绕着左眼转,然后向右绕着右眼转,同时让双眼跟随拇指的转动而转动。重复五遍。之后换另一只手重复上述过程。这样做可以开发孩子的阅读能力。

摄影师:伊万·诺代德(Ivan Naude)。

第十二章
运动里程碑

运动里程碑是发育进步的标志。通过观察孩子是否到达运动里程碑，父母可以知道孩子的触觉、嗅觉、味觉、听觉、视觉、内部感觉和肌肉是否按照预期发育。如果感官、肌肉和大脑之间的神经连接建立得良好，身体地图绘制得详细、完善，那么孩子会在正常的时间范围内依次到达各个运动里程碑。

孩子每到达一个运动里程碑，父母都得好好庆祝一番，因为按顺序到达每一个运动里程碑表明孩子的大脑发育正在按计划进行。

通过运动里程碑，我们还可以了解孩子智力发育的情况。在大人看来，孩子的某些动作很滑稽，但对于孩子自己而言，要做到这些动作并不容易。

运动里程碑与感官发育

如果怀孕和分娩的过程顺利,我们就应在保证孩子安全的情况下给予他足够的活动自由和刺激,让他顺利到达每一个运动里程碑。里程碑有很多类型,包括情感里程碑、社交里程碑、语言里程碑和认知里程碑等。本书只介绍与感官活动有关的运动里程碑,因为运动里程碑与孩子初期的大脑发育和学习能力直接相关。当然,其他里程碑同样重要,但是从胚胎形成到孩子出生后的14个月里,身体发育是第一位的,因此,本书只讨论运动里程碑。

感官发育在孩子的身体发育过程中有非常重要的地位,但是孩子无法将自己的触觉、嗅觉、味觉、听觉或视觉的发育情况直接用语言告诉我们,因此对于大人来说,判断孩子感官的发育情况是比较困难的。幸好,每一种感官都与一种或几种反射活动相关,我们通过观察孩子的反射活动,就可以判断孩子的哪些感官还处在发育阶段(还需要与大

> 运动是发育良好的标志。
>
> 莫莉·戴维斯
> (Mollie Davies)

脑建立更多的神经连接），哪些感官已经发育完成并融入孩子的身体地图了。

绘制一张完整的身体地图非常重要。身体地图就像电路主板，它控制着整个房间（身体）内的电流。如果某一个电路元件出现了问题，相应的电路就可能短路；如果很多个元件出现问题，所有的电路都可能短路，电路就需要重置。孩子的每个感官和相应的肌肉都会形成一条这样的电路。如果在一定时间之后，相应的原始反射依然活跃，则说明相应的感官尚未成熟，这条电路仍需改进，需要更多刺激；如果在一定时间之后，相应的原始反射停息，则说明相应的感官工作状态良好，电路通畅并可以继续向前发育。

有时候，孩子在"按计划"发育的过程中会突然遇到意外，使某些电路甚至所有电路遭到毁坏，但这并非世界末日，不必绝望。我们需要做的就是一条

> 当感官按顺序发育时，孩子的精神状态好，饮食和睡眠状态好，不会因过早或过度刺激表现得不知所措。

接一条地修复这些电路。

有时候，虽然有一两条电路没有连接好，但孩子看起来也与他人无异，或者差异不明显，导致我们认为这是孩子的性格而已，可事实并非如此，一定要警惕起来。有的孩子跳过了某个运动里程碑；有的孩子尽管到达了所有运动里程碑，但没按顺序到达；有的孩子过早或过迟到达；还有的孩子甚至从未到达，停在了某处。发生这些情况时，我们可能完全看不出问题，或者认为孩子以后会追上的，这不是什么大问题。但事实是，这往往会导致孩子永远到不了其他孩子发育的程度：常常无法表现出相应年龄应有的行为举止，甚至无法与他人相处。到他上学后，发育障碍、听觉障碍、无法感知身体中线、认知障碍等更明显的问题就会暴露出来。

下面，我会告诉你为什么每一个运动里程碑都很重要，如何确保孩子能够按顺序到达每一个运动里程碑，以及如果孩子没有到达某个运动里程碑，或者跳过了某个运动里程碑，你需要怎么做。

反射活动与对抗重力

孩子出生后需要花大量的时间在床上平躺、趴着、蹬腿、挥手、扭动,这会锻炼到控制身体活动的颈部肌肉和躯干肌肉,并刺激感官发育。在这个阶段,孩子主要进行的是反射活动。

当孩子的感官和肌肉发育到一定阶段,能让他感到安全时,他就会开始对抗重力了。此时,躺着已经远远不能满足他,他开始努力使身体一点一点地离开地面。首先是抬起头,然后是翻身,之后是用手抓住周围的物体将自己拉坐起来,再往后是用四肢爬行。当孩子能够爬行时,就说明他的身体有了足够的力量、协调性和平衡感,这相当于获得了"新生",因为学会爬行后,整个世界就是孩子的"游乐场"了,他可以去自己想去的地方了。

孩子爬行时,他的感官和肌肉也会慢慢学会在重力的作用下协调工作,相互配合使身体活动起来。此时,孩子的思维性大脑尚不能完全参与其中,但感觉性大脑会激发孩子移动和与他人互动的热情与好奇心。

> 身体技能按顺序发育是感觉、情感和认知发育的关键和基础。如果孩子没有到达相应的运动里程碑,则相应的原始反射会保持活跃,肌肉将继续做出反射反应,而身体和大脑会将大量的注意力、精力和能量用于这些反射活动。这很容易使孩子疲劳,使他没有足够的注意力、精力和能量来应付日常的生活和学习。

运动与停止

当孩子能从略高于地面的角度看世界时,他的身体地图便会更新并得到极大的扩展,展示出空间方位。同时,孩子的肌肉也会得到更强的锻炼,孩子会获得更多的力量支撑身体,直到他能够站起来,用两条腿保持直立。当孩子在"家具丛林"中站立时,他会试着调整自己的眼睛、平衡感和肌张力,然后像螃蟹一样在"家具丛林"中游荡。等到孩子能够在没有帮助的情况下独自行走时,他就从"婴幼儿大学"毕业了!不过,刚刚学会站立、行走时,孩子无法像大人一样自信地走路,他走路时双腿僵硬并且离得比较远,因为这样有助于身体的稳定。一般在一两周之后,他才能像大人一样正常走路。最后,孩子还要学习"停止",并且是不会摔倒地"停止",但这比学会走路需要的时间更长,因为学习"停止"需要建立更多的神经连接并更新身体地图。孩子出生后的12~18个月是学习"停止"的时间。

脊柱的发育

孩子出生时脊柱呈"C"形。这时,他的脊柱主要是软骨,结实而柔韧,但上面的肌肉不发达。当孩子开始抬头时,说明他的颈部肌肉已经变得足够强壮了。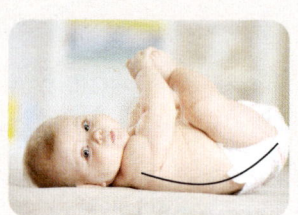在出生后六至八周里,随着颈部肌肉抵抗重力的能力的增强,颈部(颈椎)的曲度开始形成。之后,孩子慢慢变得更强壮、更灵活、更协调,他颈部的曲度也随之变得更加明显,尤其是在爬行时。但是,此时的脊柱曲线发育才完成了一半(最终为"S"形)。

另一半便是下背部曲线的形成。腰椎前凸始于孩子开始站立并尝试走路时。随着腹前部和下背部肌肉的发育和骨盆力量的增强,腰椎前凸会变得越来越明显,脊柱便开始呈"S"形。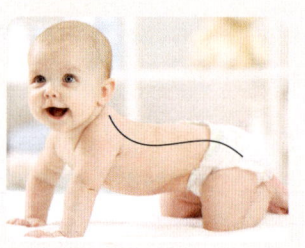因此,在这段时间里,我们可以让孩子在俯卧、仰卧时多多自由踢腿、多爬行,以此来锻炼孩子的肌肉。

"S"形脊柱更灵活,能够使孩子的活动范围更广,有助于孩子应对成长过程中需要学习的各种体育运动。

卡罗琳·海(Caroline Hay)

运动里程碑是发育的表达方式

太小的孩子没有推理能力和交流能力,但这并不意味着他不会表达。孩子可以通过动作和哭泣告诉我们一切。孩子的一切活动——从胎儿时期的反射活动,再到出生后的吮吸拇指、蹬脚、翻滚等动作,都能反映出他的大脑和身体是否发育良好。当孩子慢慢长大后,他的各种相对复杂的活动——从单脚站立、坐着不动,到专心致志地阅读和书写等,也都能反映出他的大脑和身体是否发育良好。

> 顺利到达每个运动里程碑可以让孩子为上学做好准备。

做产前检查时,医生会通过测量胚胎的股骨长度、颈后皮肤厚度以及活动范围等来确定孩子的发育情况。孩子出生时,医生还会通过孩子的阿普加评分来判断孩子是否能够适应子宫外的生活。而在孩子成长发育的过程中,我们也可以以孩子是否按顺序到达每个运动里程碑来判断他的发育情况。孩子每到达一个运动里程碑,都是孩子的身体和大脑在对我们说:"我一切正常,谢谢!"

孩子在子宫中的活动和出生后的活动能够促进他的大脑和身体的发育,每次活动都会建立新的或巩固已建立的神经连接。

神经连接是通过重复相同的动作建立的，由不重复或不常重复的动作建立的神经连接会逐渐被"修剪"掉。 通过"修剪"，大脑可以将能量集中在实际生活中会用到的神经连接上。

每个孩子都是独一无二的，都有自己的发育节奏，我们不能按同一个标准来衡量所有孩子的发育情况。有的孩子可能提早到达了某个运动里程碑，而有的孩子可能会晚些到达。本书提供的数据是基于大多数孩子发育情况得来的到达运动里程碑所需的平均时间，你可以将这些数据作为参考，以了解孩子的发育情况。

研究表明，孩子到达运动里程碑的方式会对他的学习能力产生影响。 如果孩子跳过了某个运动里程碑或未按顺序到达运动里程碑，比如孩子在爬行之前就尝试行走，就可能导致与爬行相关的神经连接较弱，这可能会影响孩子以后的学习。

大肌肉运动技能

大肌肉运动指运用大肌肉实现,需要大力气和大幅度动作的技能,如跑步、游泳、打球、举重等。下表列出了孩子出生后18个月内会学会的各项大肌肉运动技能。

年龄	非自主活动	自主活动
刚出生	转头 含乳和吮吸 轻轻抬头	偏好仰卧或俯卧
1个月	保持头部直立和稳定	踏步反射(当孩子被竖直扶起或脚立在平面上时,会做出迈步的动作)
2~3个月	俯卧时用手臂支撑,抬起头至90°或挺起胸	俯卧时能同时抬起头、伸直腿
4~6个月	坐在他人膝盖上时能抬起头	俯卧时能同时伸展双臂和双腿 俯卧时可翻身至仰卧
7~9个月	直立时头部能轻松转动 仰卧时可将脚放到嘴上 站立时会做出蹦跳的趋势	翻身 不用支撑地坐立起来
10~12个月	能一直坐立并能转身 在他人的帮助下能蹲下和弯腰 扶着东西能站立	能爬行 能扶着家具站起来 能像螃蟹一样绕着家具转圈行走

续表

年龄	非自主活动	自主活动
13~18个月	能将球滚动给他人	能在没有帮助的情况下行走 能向后退和侧身走 能跑

自主活动：推动身体穿过空间的运动。

非自主活动：身体能够在固定的坐、站、躺或跪的基础上进行的运动。

孩子在太小的时候还不能真正地进行自主活动来穿过空间，表格里所列的"自主活动"旨在说明孩子的自主活动能力的发展过程。

精细运动技能

精细运动技能指由小肌肉运动（如腕关节和手指的运动）来实现的，在狭小的空间范围内进行的，要求具有精巧的协调动作的技能，如写字、打字、雕刻、绣花、织毛衣等。下表列出了孩子出生后18个月内会学会的各项精细运动技能及手、眼协调能力。

年龄	技能	手、眼协调
刚出生	握持反射 吮吸的同时手脚在揉捏	不能专注于看某样东西，但会寻求与他人进行眼神接触
1个月	握持反射	能看头部两侧的物体 双眼试图协同工作
2~3个月	能扫视面前的物体	在一定距离内能够追踪移动的物体
4~6个月	"发现"自己的手 主动抓握物体	可用眼在180°范围内追踪物体，并伸手去碰触、抓握物体
7~9个月	在拇指和食指不参与的情况下主动抓握物体，并将它放到嘴里	试图捡拾看到的物体

续表

年龄	技能	手、眼协调
10～12个月	伸手去碰触、抓握物体 能将东西从一只手转到另一只手 能将藏起来的物体找出来	能伸手拾起看到的小件物体 能用食指指向某样物体 能用拇指和食指捏住想要的物体
13～18个月	能用手指向想要的物体 能堆积木 能用手掌抓住汤勺，并将勺子里的食物送进嘴里	喜欢将物体放到容器内再拿出来 喜欢向某人或某方向扔东西

手眼协调：在视觉的配合下，手的精细动作的协调性。

表格中所列的"手眼协调"旨在重点强调孩子手眼协调能力的发展过程。

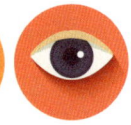

发育不是比赛

当你听到别人说"我的孩子九个月就会走路了""我的孩子11个月就会说长句子了"时,无须自责,也无须着急,因为这种"炫耀"没有意义。孩子的基因、经历、家庭环境、饮食不同,接受刺激的方式不同,到达运动里程碑的时间自然就会不同。不要将自己的孩子和他人的孩子做比较,更不要试图让孩子提前到达运动里程碑,因为提前到达意味着建立神经连接的时间被缩短了。

如果你的孩子到达运动里程碑的时间迟了些,你只需要多注意一下其中原因,咨询一下医生等专业人员,帮助孩子快速激活相应的肌肉群,以尽快赶上发育的脚步就可以了。

如果孩子因某些原因导致发育受阻而未到达运动里程碑,那么当然是越早解决问题越好,因为越早解决问题,孩子就能越早从建立神经连接的黄金时期(从女性怀孕到孩子出生后14个月)中受益。

如果孩子总是提前到达运动里程碑,也不一定是好事。总是提前到达运动里程碑并不意味着孩子发育得更快、更好,很可能是他没有巩固某些神经连接或跳过了某个运动里程碑。例如:如果孩子整天坐在安全座椅里,就会缺少探索身体和活动身体的机会,从而跳过翻身这个运动里程碑。而没有练习翻身的孩子的肌肉和内部感觉是没有做好坐立的准备的,因此他只能靠着椅子的支撑"坐着",让人看上去好像是到达了坐立这个运动里程碑。同样,当孩子还站不稳时,他的身体也就没有做好对抗重力的准备,如果此时给孩子用学步车,他会很喜欢,因为他可以探索未知的世界了。但是,他的骨骼密度还不够,提前进入行走阶段会导致骨骼的强度受到影响。这样,孩子可能还不会爬就能走路了,可是他却错过了利用爬行来促进内部感觉和眼睛发育,让自己适应新的高度,学会双腿协调工作的机会。

> 什么时候可以让孩子用学步车呢?仔细观察,如果你发现孩子在学步车内是被悬挂着走的,而不是在独立行走,就最好不给他用。当然,家长有事时,可以暂时将孩子放在有铃铛或哨子的学步车里,但不要放几个小时或一整天,因为这对孩子的发育没有任何好处。同时,一定要注意保护孩子的头,因为孩子在学步车里时会向脚下看,而不是向前方看路,这样很容易撞到头。另外,桌布等物品是孩子喜欢去抓的,一定不要让孩子在使用学步车时轻易抓到这些东西。

第十二章 运动里程碑

我们要遵循自然规律让孩子逐步发育，不要急于求成。在每个发育阶段，我们只要保证孩子完成相应的神经连接就可以了。在孩子开始慢慢移动身体时，要鼓励他活动起来，可以与他一起躺在地板上玩游戏，然后逐步地学习滚动、旋转、弹跳、奔跑、摔跤、跳舞和停止。

五个最重要的运动里程碑：
1. 吮吸；
2. 翻身；
3. 坐立；
4. 爬行；
5. 行走。

如果孩子跳过了某个运动里程碑，也并不意味着他的发育一定会遇到麻烦。研究表明，大部分孩子的学习、行为或情感问题都是由伤害或创伤造成的。伤害或创伤使孩子建立的神经连接变得混乱，从而导致孩子跳过或者没有按顺序到达运动里程碑，这时，我们只要帮助孩子重新建立正确的神经连接就可以补救了。

你可能会问："什么运动里程碑，我从小就没有爬过，还不是一样发育得好好的吗？"注意，跳过了某个运动里

发育追赶指帮助孩子在感官、肌肉和大脑之间重新建立神经连接,重新绘制完善的身体地图。

孩子需要完善的身体地图来指导自己绘画、裁剪、跳绳、系鞋带、结交朋友、学习、阅读、写字……

程碑并不意味着一定会出现发育问题,但我们宁愿保险一点儿,以防万一!

在后面几章,我会重点介绍下面这些内容:

·五个最重要的运动里程碑;

·孩子未到达这些运动里程碑的表现;

·能够帮助孩子按顺序到达这五个运动里程碑的BabyGym活动;

·能够帮助孩子进行发育追赶的Mind Moves活动。

和父母玩游戏

孩子都喜欢摔跤,无论男女,并且喜欢和强壮的对手摔跤。让孩子与强壮的父亲摔跤可以促进孩子内部感觉、内耳"水平仪"和内部视觉的发育,让孩子更有安全感。

孩子也都喜欢蹦跳蹦跳。跳跃有助于孩子的身体发育,但不能过度。可以让孩子在母亲的膝盖上蹦跳,如果母亲感觉自己的膝盖已经有点儿疼了,就应该立即让孩子停下,因为孩子的骨密度比成年人低,并且他还不会在感觉有点儿疼时保护自己。蹦跳过度会导致孩子的骨骼变形,进而影响身体发育。

感觉运动

感觉包含内部感觉、触觉、嗅觉、味觉、听觉、视觉等。

运动主要指肌肉活动。

感觉运动指感官和肌肉协同工作。

第十三章
运动里程碑1：
吮吸——滋养和养育

只有在原始反射完成使命后，孩子才会到达相应的运动里程碑。每个原始反射都有其特定的功能，都要用特定的运动来建立相应的神经连接，让特定的感官、肌肉和大脑的相应部分协同工作。孩子发育的过程中，皮肤会先与大脑建立神经连接，而耳朵、眼睛会晚一些，因为耳朵、眼睛的工作更为复杂。同时，每一种新建立的神经连接都要依靠已形成的神经连接而建立，这就是按顺序发育十分重要的原因。

孩子到达某个运动里程碑表明相应的神经连接已经建立完整，相应的技能已经发育到一定程度，并且该技能已经能够帮助孩子到达下一个运动里程碑了。因此，如果孩子没有到达或延迟到达某个运动里程碑，则说明相应的神经连接还未完整地建立起来。

吮吸

大多数孩子生来就会吮吸，但并非所有的孩子都会。女性怀孕九周左右时，莫罗反射会让胎儿张开刚刚形成的嘴巴和手，吮吸这项技能便从这时就开始发育了。到了第12周左右，经过多次张开嘴巴和手后，胎儿拥有了足够的肌张力，开始能够闭上嘴巴了。再过一阵，等到胎儿的手臂足够长的时候，每当他的手指触碰到脸颊或嘴巴时，他就会将拇指放到嘴里吮吸。吮吸拇指可以促进情感性大脑的发育，让胎儿放松下来，释放能让他感觉良好的激素，从而增强他的免疫力，促进他的生长。

嘴唇和舌头的发育，嗅觉、视觉和听觉的发育，这些都与吮吸紧密相关。

阿什利·蒙塔古
（Ashley Montagu）

哺乳

母亲的爱抚和孩子的吮吸能力是顺利哺乳的两个重要条件,但不是全部条件。除此之外,孩子还需要学习如何吞咽和呼吸。

在女性怀孕24周左右,胎儿能喝到点儿羊水时,他就开始吞咽了,但直到孩子出生后发出第一声啼哭,他才真正开始呼吸,才能通过呼吸为身体提供氧气。这时,孩子就需要在吮吸的同时协调吞咽和呼吸,学会协调多个动作以及多部位协同工作。

吃奶时,孩子会积极寻求抚摸,他的嗅觉会不断发育,他也会慢慢懂得品尝母乳的味道,然后逐渐熟悉所处文化的饮食习惯。在孩子的眼睛还没有发育完全之前,哺乳能够作为"原始视觉"(孩子先学会用味觉和嗅觉"看")带孩子了解世界。

吃奶还可以增强免疫系统并促进生长激素的分泌。能否进食事关生存,如果孩子不会含乳、进食,就不能保证自己的生长发育。另外,吃奶是吮吸、吞咽和呼吸"三重奏"的最终结果,这三种技能共同形成有效进食所需要的节奏感。同时,在吃奶的过程中,孩子的舌头也会得到锻炼,它需要卷成杯状而不是伸出来,以便对乳晕产生强烈的吸力。

哺乳还要遵循一定的节奏。哺乳节奏就是按固定的步骤哺乳，形成一个固定的程序，这样可以让孩子感到安全，也可以拉近孩子和母亲的关系。

压力水平可以从心跳和呼吸频率上反映出来。紧张或挑剔的孩子的心跳快、呼吸浅，这会对哺乳和孩子的新陈代谢、睡眠造成不良影响，从而打乱他含乳、吞咽和呼吸的节奏。因此，压力过大的孩子在吞咽乳汁的同时会连空气一起吞进去，导致肚子不舒服，甚至是肚子疼痛，这又会使他更加焦虑、压力更大，甚至出现反流或呕吐等现象。

要避免这些情况，就要让孩子远离异味、奇怪的声音和陌生的场所，如果可能，回家并坐在光线昏暗的房间里进行哺乳是最好的。另外，哺乳之前要检查孩子的尿布，看看是否需要更换，然后将他包裹在柔软的毯子中，让他的手靠近脸。你还可以用柔和、舒缓的声音

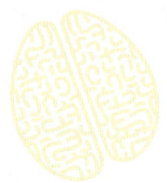

迈克尔·奥当（Michael Odent）的研究表明，孩子与父母之间的良好互动是孩子了解自己、学习信任和尊重的基础。孩子与父母之间的关系是孩子一生中要经历的第一重人际关系，会影响孩子今后对人际关系的认知和处理方式。

对他说话或唱歌。

孩子出生后的几周里,要按照孩子进食的节奏进行哺乳,之后可以慢慢尝试调整并形成固定的哺乳节奏。千万不要生搬硬套书本上的建议,让孩子放松、不焦虑才是最重要的。先满足孩子的需求,才能使哺乳变得容易,才能提高孩子的睡眠质量。

> ### 你知道吗?
>
> - 吃奶时,孩子会用力吮吸,用嘴唇紧紧含着母亲的乳头,舌头呈杯状环绕着乳晕,产生很大的吸力。
> - 含乳时,舌头的压力可以得到舒缓,孩子会感到满足。因此,在孩子受到惊吓时,可以让他通过含乳放松下来,消除他的压力。
> - 孩子最初是通过嗅觉和味觉找到乳头的,而他在看到乳头后,会将头转向一侧,含乳时也会本能地尝试与母亲进行眼神交流。因此,哺乳还有助于视觉的发育。

婴儿抚触

有时候,孩子会反射性地推开母亲并哭泣,好像根本不喜欢母亲。这时,母亲会因被拒绝而难过,觉得很难与孩子保持依恋关系。但这并不是母亲的错,孩子一方面迫切地需要母亲的爱抚,而另一方面又本能地害怕被抚摸。

婴儿抚触就是对婴儿全身进行轻柔的爱抚和触摸,让他渐渐爱上被爱抚的感觉,不再抗拒触摸。

哺乳时进行婴儿抚触可以让孩子乖乖地吃奶,还有助于建立母婴之间的依恋关系。孩子不抗拒含乳则表明他发育良好,已经到达了第一个运动里程碑。这是值得庆祝的。

如果母亲不知道对孩子进行婴儿抚触的意义,就不会遵循皮肤发育的规律对孩子进行深层次的、温柔的按摩,这会使孩子接收不到母亲的爱抚和体味,哺乳和哄睡会变得更加困难。

母亲有力且温柔地抚摸孩子与怀孕时抚摸肚子的效果相同,它能让孩子感觉到母亲的接纳,从而开始接受并寻求爱抚。这种热情能将孩子本能的、对触摸的退避转为积极的交往。这样,哺乳就会变得容易许多。因此,千万不要因为婴儿抚触会使孩子哭泣就不再进行。

孩子不会含乳的原因

有时候，孩子不会含乳或不能很好地含乳，而母亲对此毫无办法。孩子不会含乳或不能很好地含乳的原因有很多，下面列出了其中一些常见原因：

· 母亲对孩子的吮吸反射刺激不足；

· 孩子对触觉过于敏感，导致他自我保护过度；

· 周围环境有异味；

· 母亲用了含防腐成分的沐浴用品或香水；

· 灯光过亮；

· 环境过于嘈杂；

· 早产；

· 分娩时不顺利；

· 孩子的神经发育迟缓；

· 孩子有呼吸困难或缺氧的情况；

· 孩子比较焦虑；

· 孩子出生后与母亲分开得过早。

妊娠晚期，胎儿每天会喝掉近两大杯羊水，这是他在练习吞咽，为子宫外的生活做准备。

哺乳可以锻炼孩子双眼协同工作的能力。

氧气是大脑的"食物"。

孩子早期的发育情况与长大后的学习能力紧密相关。如果孩子吃奶比较困难,则说明与吃奶相关的神经连接较弱,这会阻碍嘴和手协同工作的能力,从而使孩子在上学后出现书写困难。

吃奶属于早期的精细运动技能。

孩子未到达"吮吸"里程碑的表现

- 嘴唇周围易过敏,经常舔嘴唇、流口水。
- 语言能力发育迟缓,常表现为大舌头,发音不准。
- 对不同口感的食物过于敏感,吃相不好。
- 爱暴饮暴食。
- 爱长时间吮吸拇指。
- 经常咬头发或衣服。
- 吃糖果时爱咀嚼,不会用吮吸的方式使糖溶化。
- 爱嚼铅笔头。
- 习惯用嘴"看",即常将物体放进嘴里。
- 绘画、裁剪或书写时,嘴、颚或舌头也跟着忙个不停。
- 书写速度慢或笔迹潦草。
- 精细运动技能差。
- 很难让自己平静下来。
- 情感不成熟,需要他人不断安慰。
- 眼球活动不协调。
- 过于依赖母亲。

奶瓶喂养注意事项

用奶瓶喂养孩子时,要尽可能模拟母乳喂养的情况,例如:

· 使用与乳头相似的奶嘴(长圆形、小开口的奶嘴);

· 喂奶时母亲要抱着孩子;

· 喂一会儿换只手抱孩子,模拟换乳房的情形;

· 与孩子进行眼神交流。

> 觅食反射和吮吸反射的作用是让孩子寻找、发现食物,以保证饮食。虽然这个过程(寻找、发现食物)很快会由视觉引导,但是它们对于新生儿十分重要,因为它们给了孩子最初的快乐体验——只有摸到,孩子才相信事物的存在。
>
> 阿什利·蒙塔古
> (Ashley Montagu)

能够提升婴幼儿含乳能力的BabyGym活动

·哺乳之前,或是在哺乳过程中孩子将要入睡时,用手有节奏地轻轻按压孩子头部周围,注意不要碰到他的囟门。

·用一只手的两根手指轻轻夹住并向下拉动孩子的下巴,同时用另一只手的两根手指按摩孩子肚脐的下方。脐带是孩子最初的营养来源,同时刺激肚脐与嘴巴有助于帮助孩子从被动进食过渡到主动进食。

·用手指轻轻地沿孩子嘴唇的轮廓勾勒,这样做能够增强孩子对嘴巴的感知力。

·用手指沿孩子口腔内部的轮廓勾勒,这样做能够帮助孩子更好地学会闭合嘴唇并增强他的含乳能力和吮吸能力。

·购买一个与母亲乳头形状相似的、带有一个较大的唇部按摩器的奶嘴,在孩子不需要进食时可以让他含着奶嘴,但要注意奶嘴不能妨碍孩子呼吸。

能够帮助未到达"吮吸"里程碑的幼儿追赶发育脚步的Mind Moves活动 ••••••••

正确含乳能够促进孩子的情感发育,帮助孩子建立自尊心。以下Mind Moves活动有助于恢复或完善与触觉、嗅觉和味觉有关的神经连接。Mind Moves活动需要坚持一段时间后才会有效果,不要急于求成。

舌头体操

让孩子将舌头在嘴里尽量向后缩,然后尽力伸出,再从左向右移动。这样做能够刺激与讲话、唾液分泌和进食有关的肌肉。

唇部按摩

水平摩擦孩子上唇的上方和下唇的下方。这样做能够激活吮吸反射,还能提高孩子的感知能力,避免暴饮暴食。

拉动下巴

让孩子张大嘴巴,下颌尽量向下拉,然后让孩子自己用手沿下颌骨一路向上轻轻按摩至耳朵。这样做能够放松面部肌肉并加强对面部肌肉的控制力,还能够增强口头和书面的表达能力。

巴布金反射

向孩子的手掌施加一定的压力,孩子就会转头或张开嘴,这就是巴布金反射。我们可以利用巴布金反射刺激孩子吮吸,对孩子进行哺乳。

萨莉·戈达德·布莱思

(Sally Goddard Blythe)

第十四章
运动里程碑2：翻身——左右脑的开发

> 如果孩子能够很好地控制身体的活动，就可以节约一部分身体活动所需要的精力，将更多的精力用在思考上。
>
> 汉斯·弗思
> （Hans Furth）
> 哈里·瓦克斯
> （Harry Wachs）

前面讲过，我们的身体是按"从上到下"的顺序发育的。随着颈部肌肉的发育，孩子可以转头并逐渐抬起头，让自己看得更远，与周围的世界建立更多的联系。而在头部逐渐稳定后，孩子就需要靠腹部和背部肌肉来支撑身体，从而灵活地活动。

颈部的稳定性

孩子在母亲子宫里的时候就学会抬头了，但孩子在子宫内感受到的重力较小，他的肌肉力量和对肌肉的控制力发育得还不够成熟。因此，孩子出生后还要反复尝试控制头部，这样他的脖子才会变得更加强壮，头部才会逐渐稳定。

颈部肌肉的发育需要时间，我们不能为求快而进行太多干预。有这样一个例子：一位农场主急切地等待第一批鸵鸟孵化出来，当小鸵鸟在蛋壳里用嘴啄厚厚的蛋壳时，他就用一个汤匙轻轻地从蛋壳外拍打，让小鸵鸟不必太费劲就可以破壳而出。结果，孵化出来的小鸵鸟都耷拉着脑袋，脖子软弱无力，最后全部死了。

人类也一样，只有拥有强壮的脖子才能更好地稳定头部，才能更好地生存。鸵鸟妈妈用厚实的蛋壳锻炼小鸵鸟的颈部肌肉，人类也应该奋力锻炼颈部肌肉。

重力让孩子想要平躺以得到足够的支撑,而好奇心让孩子与重力抗争。

刚出生的孩子的脖子是松软的,这很正常,但千万不要忘记这句话——挣扎才能换来自由。<u>只有脖子强壮才能保证头部的稳定。</u>

在孩子不断挣扎着克服重力,反复练习抬起和转动头部后,他的脖子会变得强壮起来。在发现抬起头来会看得更远之后,孩子便不再满足于眼前的世界。好奇心会让他想看到更远的地方,从而刺激双眼进行协同工作,让双眼像拉着一辆车的两匹马一样同时运转。这时,他就需要强壮的核心肌肉(腹部、背部肌肉)使他的身体也稳定下来,以便用眼去观察世界。

躯干的稳定性

这里所说的躯干指身体的核心部分。运动、保持平衡、保持直立等动作都需要大肌肉群的参与，而写字、画画、雕刻等精细动作主要由手腕、手指等部位的小肌肉来实现。我们将需要大力气和大幅度动作的技能称为大肌肉运动技能；将在狭小的空间内进行的，需要精巧的协调动作的技能称为精细运动技能。躯干的稳定性主要靠大肌肉运动来保持。

核心肌肉主要指腹部和背部的肌肉。健身时，教练通常会先训练学员的核心肌肉，因为核心肌肉是基础，肩膀、臂、手、臀部、腿、脚上的肌肉只有在核心肌肉结实、稳定后才会发挥更大的作用。孩子翻身、坐立、爬行、行走也需要强壮的核心肌肉的参与。

孩子移动、直立、保持平衡，进而熟练地阅读、写字，最后成为运动员、舞蹈家或音乐家的过程中，核心肌肉都是最重要、最基本的肌肉群。核心肌肉好像晾衣绳，而其他肌肉——无论是大肌肉还是小肌肉——都依附于核心肌肉，以某种方式"悬挂"在核心肌肉上，在核心肌肉发育得比较好后，它们才会继续发育，直至不再需要依附于核心肌肉。

躯干的稳定性与视觉

你是否注意过孩子是如何转身的呢？如果你仔细观察，就会发现孩子是用眼睛"控制"身体的，身体是跟随眼睛的转动来完成转动的。另外，对于视力不好的孩子，医生还会建议通过锻炼背部和腹部的肌肉来改善视力。眼睛就像摄像机，如果摄像机不稳定，那么拍摄出来的图像就会很抖。而脖子和躯干就像拿摄像机的人，如果脖子和躯干不稳定，眼睛也无法稳定地工作。

经常让孩子使用靠背扶手椅、婴儿车、学步车或其他辅助工具会让他的肌肉得不到应有的锻炼，从而影响视觉的发育。因此，孩子玩耍时不要给他提供支撑，要让他尽力靠自己"挣扎"着抬头，以锻炼肌肉。另外，不要给孩子穿过紧、过大或容易造成刮擦的衣服和纸尿裤。总之，就是尽量不要对孩子的活动造成限制，这样才有利于肌肉的发育。

如果身体不稳定，眼睛向大脑发送的图像就是晃动的、不够清晰的，这会使大脑很难关注眼睛所看到的东西，进而大脑会选择对其视而不见。这样一来，孩子的视力本身没有问题，但大脑的"视觉中心"可能会忽略眼睛传来的信息，就像电视信号不好时,我们会把电视机关了一样。这样就会导致孩子长大以后不爱读写,有学习障碍。

眼睛和大脑就像鼠标和电脑,眼睛转动时,会将信息"输入"大脑的不同部位:

·眼睛向上看时,就像单击鼠标进入大脑的"视觉中心";

·眼睛向一侧看时,就像单击鼠标进入大脑的"听觉中心";

·眼睛向下看时,就像单击鼠标进入内部感觉和情感性大脑。

前面讲过,所有感官的发育都依赖于内部感觉的发育。同样,所有肌肉的发育都依赖于脖子和躯干部位肌肉的发育。因此,多多刺激孩子的内部感觉和脖子、躯干部位肌肉,能帮助孩子完美地到达每一个运动里程碑。同时,稳定的躯干不仅有助于其他部位肌肉的发育,还有助于大脑各个部位的发育。

肌张力

"看不见的父母"让孩子反复做各种各样的活动,以促进肌肉的发育。孩子在母亲子宫中踢腿、转身、伸展、挥手、活动手指、吮吸拇指也能促进肌肉的发育。因此,如果胎儿在母亲的子宫内安静不动,建议母亲多活动。因为母亲的活动可以刺激胎儿的内部感觉,使其活跃起来,而内部感觉又与肌张力有关。

孩子出生后的活动也很重要。打哈欠、吮吸、转头、活动松软的脖子、踢腿、滑动、拉扯、抓握……孩子在这些"挣扎"的过程中逐渐变得强壮,肌张力也得以增强。

如果肌张力太低,孩子会显得笨拙、懒散,行动起来摇摇晃晃,喜欢躺着,不愿爬行、奔跑、嬉戏,很容易疲劳,频繁入睡。口腔周围肌肉的肌张力过低会影响孩子含乳,还会影响以后的饮食(进食固体食物时容易吃得过多,没有节制),且对说话和发音也有影响。

对肌张力低的孩子来说,翻身是一件很不容易的事,因此他更喜欢安静地坐在椅子上或童车上,而这样的孩子往往会被人们认为是"好孩子",从而忽略他的问题。

不喜欢活动、不爱翻身的孩子核心肌肉力量不够,在坐立时便需要垫子、扶手或支撑椅等工具辅助。这样的孩子在学会坐立后,常以"M"形坐姿(双腿由膝盖向后弯曲,屁股坐于双脚之间,俯看双腿呈"M"形)坐着,且弓着背,因为这样可以让他的身体更稳定。之后,他在爬行时也会感到很困难,因为核心力量不够,身体无法完全抬离地面,他常会用屁股蹭着地面向前移动。再往后,在学会行走以后,他会分着腿走路,站立时会更愿意靠着墙站,不愿站直。

如果靠近骨骼的肌肉的肌张力低,那么靠近身体表面的肌肉就会变大,以提供更多的肌张力。这就是为什么许多肌张力低的孩子看起来反而有"运动身材"的原因。

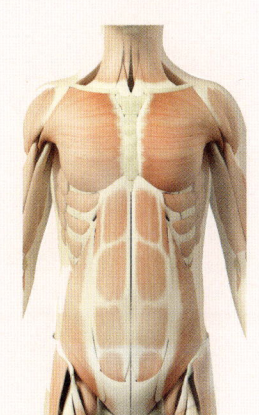

你知道吗?

- 可以将肌张力看作重力的反作用力。
- 足够的肌张力是运动和保持平衡的基础。
- 原始反射驱使孩子进行重复性运动,以增强肌张力。
- 能克服重力的活动就能增强肌张力。

孩子躯干稳定性差、肌张力低的表现

躯干稳定性差的孩子不喜欢活动,平时消耗的能量不多,这可能会导致他发胖、肌肉不发达、肌张力低,还可能会导致他延迟到达运动里程碑。这样的孩子常有如下表现:

・身体姿态不佳;

・容易疲劳;

・坐不住或容易从椅子上滑下来;

・坐起来时需要用东西支撑头部;

・写字时全身发力;

・握笔无力,也不擅长使用各种工具;

・工作效率低,完成一项工作的速度很慢;

・站起来需要靠其他物体支撑;

・不喜欢运动,无论是大肌肉运动还是精细运动;

・看起来很笨拙。

能够提升婴幼儿躯干稳定性和肌张力的 BabyGym 活动

· 让孩子仰卧或俯卧,不受限制地玩耍。

· 让孩子躺在大人的大腿上,脸朝上。轻轻拉住孩子的手,将他向上拉到坐起来,类似做仰卧起坐。这样做有助于增强孩子核心肌肉的力量,提升眼球的灵活性。做这个活动时动作一定要平稳,不要过于剧烈。刚开始做这个活动时,孩子需要完全依靠大人的力量将他拉起来。慢慢地,他会开始自己用力。

· 将孩子平放在毯子上,让他的肩膀完全贴在毯子上,膝盖稍稍弯曲,然后轻轻地左右摇动孩子的膝盖。这样做有助于增强孩子臀部和肩膀的柔韧性。坚持几天后,孩子会逐渐熟悉这个活动并开始积极参与。

能够提升幼儿躯干稳定性和肌张力的 Mind Moves活动

蹦床和骑马

让孩子每天在蹦床上跳15分钟。如果有条件,还可以让孩子多骑马。这些活动有助于核心肌肉的发育,能增强肌张力,还能提升自信。

开始和停止

和孩子玩"开始、停止"游戏,如抢椅子,这样做能够增强孩子对躯干的控制能力。

旋转躯干

让孩子平躺,张开双臂,将膝盖抬高至臀部上方。先慢慢地将双腿整体向左转,直到左膝左侧碰到地面或至身体极限。然后再向右转,直到右膝右侧碰到地面或至身体极限。旋转的过程中肩膀、双臂和下背部必须紧贴着地面。这样做可以增强核心肌肉的力量,改善坐姿,提高专注力,还可以帮助孩子更好地感受身体中线。

"极度活跃"

每个人小的时候都必须"极度活跃"一次，因为这样可以让身体学会各种技能并在肌肉与大脑之间建立神经连接，提高大脑对肌肉的控制力。如果孩子在两岁之前没有表现出"极度活跃"，那么上学后，本应在课堂上安静地坐着、集中注意力听讲的时候，他很有可能会"极度活跃"起来。这是因为他急于开发"坐着不动"的能力，而人类是先学会运动后学会停止的，因此他需要先不断地活动再学会控制活动——坐着不动。

因此，我们应鼓励孩子在小时候以各种不同的方式活动起来，如翻身、爬行、跳跃、奔跑、跳行、急冲、推、拉、悬挂等，并在活动一段时间后及时学会停止。这样，等到孩子上学时，他就能够静静地坐着并集中注意力听讲了。

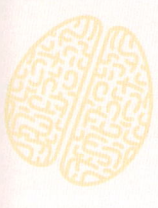

翻身

让孩子经常在地毯（也可以是地垫或较大的床，只要空间足够即可）上玩，平躺、俯卧都行。他会好奇地探索周围的活动空间，慢慢地就能学会翻身了。我们把这样的玩耍时间称为"地毯时间"。在"地毯时间"中，孩子可以自由地探索手臂和腿的活动范围，同时尽情运用自己的耳朵和眼睛，学着让耳朵、眼睛、手臂和双腿协同工作，从而让自己对周围的环境越来越熟悉。这时，孩子急切地想动起来，非对称性紧张性颈反射还会驱使他的四肢活动起来，增强他的肌张力。

当孩子的头转向一侧时，他转向的那侧的手臂和腿会伸直，而另一侧的手臂和腿会弯曲，这就是非对称性紧张性颈反射"指挥"孩子进行的活动，它让孩子学会将自己一侧的手臂和腿独立于另一侧的手臂和腿而活动。这种单侧运动会让孩子意识到自己的身体有两

> 翻身是孩子必须掌握的运动能力，是他与周围世界建立联系的重要的一步。

侧——左侧和右侧,进而让他意识到在身体的左侧和右侧之间有一条假想的线——身体中线。同时,这种单侧运动也让孩子为翻身做好准备,还能刺激左右脑和身体的左右两侧的发育。

你知道吗?

- 左脑控制右臂和右腿,右脑控制左臂和左腿。
- 左脑主要负责语言、逻辑推理、分析、理解概念等,并以有序的方式存储各种功能所需的神经连接。
- 右脑主要负责创意、音乐、空间几何、想象等。右脑可以让人成为横向思考(打破逻辑局限的思考模式)者,拥有出色的空间能力和视觉能力。
- 因为左右脑的主要功能不同,所以让孩子学会向两个方向翻身是很重要的。
- 能向两个方向翻身表明孩子的左右脑是均衡发育的。

孩子未到达"翻身"里程碑的影响

孩子未到达"翻身"里程碑,则背部和腹部的肌肉就可能发育得不够充分,进而导致他坐着时会弓着背,站立时需要支撑。如果孩子常用手支撑身体,还会造成手上的小肌肉发育迟缓。如果这种情况到了上学的年龄还没有改善,孩子可能会难以集中精力、易疲劳。孩子小时候不会翻身或不善于翻身对今后生活的主要影响有:

· 不能感知身体中线;

· 头部不能独立于身体的活动而转动,即头部转向一侧时,手臂和腿也要跟着转向这一侧;

· 很难和其他孩子共用一张桌子,难以只用桌子的一边;

· 动作显得笨拙、不协调,不喜欢运动,不会跳绳;

· 没有惯用手;

· 从左向右看或从右向左看时,眼神会停留在中间;

· 难以画出对称的图案;

· 厌恶读写;

· 阅读时,头需要随行文移动,不能直接用眼睛看;

· 手眼协调能力差,精细运动技能不佳。

能够提升婴幼儿翻身能力的BabyGym活动

孩子要有良好的含乳能力、颈部控制能力和强壮的腹部、背部肌肉,才能进一步发育,轻松翻身。翻身是孩子阅读和写字的前提条件。鼓励孩子向左、向右翻身,对他左右脑的均衡发育很有帮助。记住,一定要少用婴儿车、支撑椅和学步车,多些"地毯时间"!

· 在"地毯时间"中,和孩子一起玩,鼓励孩子看向大人,然后从一侧换到另一侧,鼓励孩子向另一侧看。

· 将孩子放在素色的地毯或床单上,让他俯卧,在他够不着的地方放一个色彩鲜艳的玩具,并鼓励孩子去拿这个玩具。在这个过程中孩子可能会哭闹,不要心软。将玩具放在孩子的左边或右边更能引起孩子的注意和兴趣。

· 刚开始,如果孩子难以翻身,可以轻轻帮助他,这样做有助于孩子形成肌肉记忆。注意,稍微帮一下即可,主要还是要靠孩子自己完成翻身的动作。坚持几天,多帮几次,等到孩子能够完全自己翻身便停止。别忘了鼓掌表扬孩子的努力!

· 让孩子向左右两侧翻身。

能够帮助未到达"翻身"里程碑的幼儿追赶发育脚步的Mind Moves活动

对于三岁及三岁以上,未到达"翻身"里程碑的孩子,按以下顺序练习这些Mind Moves活动会很有帮助。这些活动还可以作为专业治疗的辅助练习。每天练习以下活动,坚持六周就会有效果。

① 让孩子仰卧。先慢慢地同步移动左臂和左腿,同时转动头部看向左手。然后再慢慢地同步移动右臂和右腿,同时转动头部看向右手。重复十次。

② 让孩子仰卧。重复第一步臂和腿的动作,但要将头转向与伸展的臂和腿相反的方向。重复十次。

③ 让孩子仰卧。在他的左臂和右腿上系上蓝丝带,右臂和左腿上系上红丝带。先伸展系有蓝丝带的臂和腿,然后反向练习,头部保持不动。重复十次。

④ 在孩子能比较轻松地完成①至③的活动后(这可能需要几个星期的时间),让孩子试着用四肢爬行,并在爬行时让头部向左、向右转动。

⑤ 在孩子能比较轻松地完成④的活动后,让孩子站立。先保持左臂和右腿不动,伸展、抬起另一只手臂和腿,然后反向练习,同时让眼睛向上、向下、向左、向右、向近、向远看,头部不动。

第十五章
运动里程碑3：
坐立——建立平衡感

如果不使用精密的仪器，我们很难看到大脑内部的发育情况，但我们可以通过观察孩子的动作及身体的发育情况，了解孩子大脑发育的情况。这就是运动里程碑与大脑发育的关系。

如果孩子喜欢到处摸，能很好地含乳，常满足地轻哼，则表明他的反射性大脑发育正常，情感性大脑也没有问题。此时，孩子的神经连接正在按计划建立。如果孩子开始翻身，则表明孩子的颈部和躯干的稳定性很好，他能将头部抬离地面，为以后的直立准备好。如果孩子能坐起来，则表示他在说："我能打败重力了，看，我的背是直的！"

重力

重力"吮吸"一切,起到锚固的作用,能让孩子感到安全、有保障。由于重力的存在,我们知道:

· 哪里是上,哪里是下;

· 自己在哪里,其他人在哪里;

· 在什么地方可以做出什么样的动作,比如保持平衡、翻身、坐立、爬行、走路等;

· 感受到自我,感受到自己不再是母亲的一部分,而是一个独立的人。

孩子想像父母一样生活,就需要运动起来。为此,他需要学会走路和说话,需要让身体离开地面。换言之,如果孩子不能将自己抬离地面,就不能像父母一样生活。

人都有对抗重力的本能需要,并且有对抗重力的相应"机制"——内部感觉和肌张力。当孩子知道哪里是"上"时,他就开始将头部向这个方向抬起。在这个过程中,孩子克服自身重量将头部、身体抬离地面,也就增强了肌张力。而在感到疲劳时,孩子就会躺下,顺从重力,不再反抗。

平衡

大多数人都意识不到自己的平衡能力，都觉得平衡是理所当然的。其实，我们做任何事情时都是在保持平衡，比如站立、阅读、写字、听课、弯腰、端茶、接球、挥手、开车等。保持平衡是很重要的能力。

平衡能力就是在做某事时保持在一个位置上。

平衡不仅意味着能像士兵一样站得笔直，还意味着活动时不摔倒。因此，孩子需要学习两种平衡能力。一种是待在一个位置保持身体的稳定（静态平衡），另一种是在移动时保持身体的稳定（动态平衡）。在这两种平衡中，孩子需先学习第一种，因为只有在孩子的颈部、核心稳定后，他才能灵活地运动起来，学习第二种平衡。如果孩子能坐立、爬行、自己吃饭、蹒跚行走，表明孩子已经学会了第二种平衡。学习平衡的最终目标是停止运动，并能坐稳或站着不动。

静态平衡：在没有支撑的情况下保持一种姿势，比如坐着不动或直立不动。

动态平衡：保持一种姿势，并以协调的方式运动。

不要让孩子趴着睡觉

孩子会本能地趴着(俯卧),呈胎儿姿势,也会在趴着时伸展四肢。他这是在本能地保护自己脆弱的内脏、大脑和眼睛。非对称性紧张性颈反射会让孩子转动头部,以保持呼吸道的畅通。虽然孩子趴着时会本能地转头保持呼吸道的通畅,但以防万一,为防止发生婴儿猝死综合征(SIDS,指通过病史不能预知,通过死后彻底检查不能解释的婴儿的突然死亡),建议不要让孩子趴着睡觉。宁可让孩子侧睡也不要趴睡。不过,在大人的照看下,孩子是可以趴着玩耍的。

坐立

为了能够坐起来,孩子需要有足够的力量来抵抗重力,保持平衡并向前、后、左、右各个方向做出保护性反应,即伸出手支撑以防止摔倒、保护自己免受伤害。

孩子刚学会坐时双腿会分开,双手会放在身体前支撑着身体。随着平衡力和肌肉力量的提高,孩子会慢慢地将手放在身体的一侧来防止摔倒。

在多次摔倒并坐起来后,孩子就可以不用手来保持平衡了。此时,在内部感觉和视觉的共同作用下,孩子能坐直了。

在非洲,特别是在非洲农村地区,母亲往往会背着孩子,头上顶着一个装着近20升水的水罐行走。这些母亲到家后,水几乎一滴不少。她们会先将水罐拿下来放在地上,然后蹲下来将孩子放下,再坐下来。能做到这些,是因为她们有很好的平衡感、强壮的脖子和强壮的躯干,这也是她们能够稳稳地直着腿坐着,无须像孩子一样分开腿才能保持身体稳定的原因。即使是成年人,也很少有人能够像这些母亲那样直着腿并挺直背坐着,无须任何倚靠,也无须分开双腿以保持身体的稳定。

孩子不喜欢坐着的原因

颈部力量不够,核心稳定性差,肌张力低,不会翻身,缺乏可以活动的自由和空间,过度使用靠背、扶手椅或其他椅子,被背着的时间过长……所有这些都可能造成孩子缺乏练习坐立的机会。如果臀部或腿部的肌肉紧张,躯干或颈部的肌肉无力,孩子也可能不喜欢坐着。如果孩子不喜欢坐着,父母就需要后退一两步,从加强孩子的颈部肌肉力量和躯干的活动能力开始锻炼孩子。

如果孩子的紧张性迷路反射仍然处于活跃状态,也会导致他不喜欢坐着。因为当孩子向前低头,下巴接触到胸脯,或者向后仰头,胸部挺起时,就会触发该反射使脊柱、手臂和腿伸展或弯曲,导致摔倒。虽然紧张性迷路反射对颈部和躯干肌肉

的发育至关重要,并在扩展身体地图上发挥着重要作用,但是在这些肌肉发育起来后,它就应当停息,以让孩子进入新的发育阶段。

解放双手

坐立是一个重要的运动里程碑。孩子学会坐立后，便能以稳定的坐姿看世界了，这是一个全新的视角。

孩子以这个新的视角更新身体地图，使其更加立体。立体的世界看起来也更令人兴奋，会让孩子迫不及待地去探索。孩子不断增长的好奇心也会激发他伸手去拿自己看到的、想要探索的东西，这又会增强他的手眼协调能力。

孩子在母亲子宫内时，手臂会随机摆动，看起来就像是在用小拳头敲打羊水。在女性怀孕八周左右，胎儿的原始反射开始出现。莫罗反射会让孩子张开手臂，紧张性迷路反射会让他向上、向下移动手臂，觅食反射和吮吸反射会让他的手臂向身体中线移动并停在那里。随着胎儿慢慢长大，子宫内的空间越来越小，手臂的活动空间受限，胎儿的手便会举向脸的位置并停住。这时孩子会更容易用脸触碰到自己的大拇指，并吮吸拇指。握持反射会让孩子用小手抓握一切触碰到他的手的东西。不过此时胎儿的手部力量很弱，因此握持反射只有在孩子出生后才会真正开始发挥作用。

还记得前面说过，我们可以把肌张力看作重力的反作用力吗？正因如此，手部肌肉的肌张力也只有在有重力的环境下才能得到增强。孩子出生后，感官、肌肉与相应的大脑部位需要先建立神经连接并绘制身体地图，之后，双臂和双手在出生后的几个月内缓慢而稳定地发育,直到孩子能坐起来,解放双手,实现"通过操作促进双手的快速发育"。

在出生后的前几个月内,孩子只会轻拍前眼摇摆的玩具,会不时地、偶然地抓住一个玩具,最后才能有意识地伸手去拿一个玩具,而不是条件反射性地抓牢一个玩具后送到嘴边。在孩子有意识地不断伸手去拿物品时,我们要变着花样让孩子触摸各种不同材质的物品。这样做能让孩子双臂和双手的动作更加流畅、更加准确。

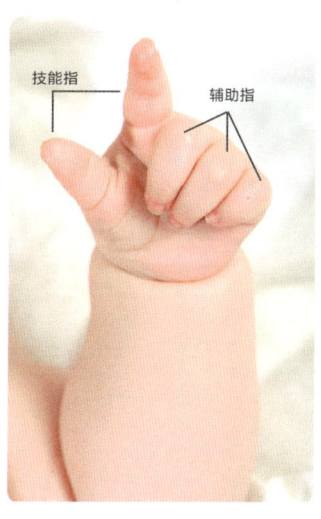

三岁及三岁以上幼儿平衡感发育不良的表现

- 触觉过于敏感。
- 显得笨拙，姿势僵硬，姿态不佳。
- 容易发生事故，比如容易摔倒受伤。
- 有晕动病，即因乘坐交通工具或摇摆、颠簸、旋转、加速等各种因素导致的以出冷汗、恶心、呕吐、头晕等为主要特征的症候群。
- 下楼梯时比较困难。
- 不敢走摇摆桥，恐高。
- 不能单腿跳跃或单腿保持平衡。
- 不会倒着走。
- 不喜欢跳跃、奔跑，不会跳绳。
- 容易迷路，空间感、方向感差。
- 肌张力低。
- 感官处理刺激的能力差。
- 感知能力差。
- 不喜欢写字和阅读。
- 有运动障碍、言语障碍、阅读困难、书写困难或计算困难。
- 不喜欢舞蹈。

- 无法静坐，注意力不集中。

- 焦虑。

- 常反复摇晃或敲击头部。

- 自尊心很弱。

- 不喜欢出去玩，更喜欢在家看电视或玩电脑游戏。

孩子如果有以上问题，便需要学会以协调和受控的方式活动。在公园里玩，比如荡秋千、滑滑梯、坐旋转木马等，都能够让他的三个"水平仪"得到充分的锻炼，从而提高他的平衡感，增强肌张力。

坐立有助于增强平衡感和肌张力，重力与平衡系统相互作用，就像全球定位系统（GPS）一样，将相应的身体地图完善起来。它们还会给大脑提供信息，让大脑明白"自己在哪里""要到哪里去"。只有在得到这些信息后，大脑才能规划出行动路线或做出行动计划，否则孩子就会迷失，感到焦虑。如果这个问题得不到解决，孩子长大后会不想上学，也不想做任何与学习有关的事情，比如写作业、阅读书本。

注意，孩子建立相应的神经连接并创建相应的地图需要几个月的时间，不必着急。

如果孩子错过了某个运动里程碑也不用绝望，重新建立神经连接并追赶发育的脚步永远不会晚。

能够提升婴幼儿坐立能力的BabyGym活动

·多给孩子一些"地毯时间",让孩子练习用双臂支撑起身体。一段时间后,孩子就能在用双臂支撑起身体的同时分开腿,形成一个稳定的基础。

·帮助孩子做仰卧起坐。这样做能促进躯干的发育,能让孩子的腹部肌肉和背部肌肉变得结实。一段时间后,孩子就能坐立了。

·坐在孩子后面保护他,让他的身体前倾,用双手支撑身体。很快,孩子的平衡感和协调性就会增强,他就能够坐直了。

能够帮助未到达"坐立"里程碑的幼儿追赶发育脚步的Mind Moves活动

有三种或三种以上平衡感发育不良表现的孩子会经常感到焦虑不安,其自我意识和自信心的发展会受阻。下面这些Mind Moves活动对这些孩子很有帮助,可以作为专业治疗的辅助练习。每天练习以下活动,坚持六周就会看到效果。

按摩耳垂

让孩子自己以画圈的方式同时按摩两个耳垂。这样做有助于内部感觉、听觉感知、听觉处理和接受语言的能力的发育。

Mind Moves按摩

让孩子站直,双臂侧平举。大人站在孩子身后,用手从头到脚沿着孩子的身体轮廓向下滑动,滑到脚时抱住他的脚停一会儿。重复三遍。这样做有助于加强孩子的触觉意识、重力安全感和积极的自我意识。

扭转躯干 I

让孩子平躺,双臂贴于地面,打开至与身体垂直,然后将膝盖抬高至臀部上方,使大腿与地面垂直、小腿与地面平行。

之后慢慢向左转动双膝,直到左膝左侧碰到地面或至身体极限,然后反向做。整个过程中肩膀和下背部必须紧贴地面。这样做可以增强核心肌肉的力量,使肩部与臀部能够分开活动,让孩子拥有良好的坐姿,并能增强他的注意力。

扭转躯干Ⅱ

让孩子站直,双脚分开与肩同宽,上半身前屈至与地面平行,双臂下垂。然后慢慢地将上半身向左旋转,画一个尽可能大的圆弧,之后换方向旋转。如果孩子的平衡力不好,可以先让他坐着练习这个动作,以防摔倒。这样做能够刺激前庭系统,增强平衡力、肌张力和空间定位能力,还能增强孩子对身体中线的感知,改进他的行动能力和完成任务能力。

> 前庭系统是有髓鞘的平衡器官,触觉是为我们提供与外部世界接触信息的第一来源。触觉对于平衡力、定向能力和运动能力的发育至关重要。
>
> 萨莉·戈达德·布莱思(Sally Goddard Blythe)

第十六章
运动里程碑4：
爬行——向自由前进

> 爬行不仅能让孩子感知到身体中线,还能均衡地激活左右脑。
>
> 卡拉·汉纳福德
> (Carla Hannaford)

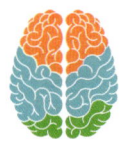

给孩子体检时,医生通常会问父母:"你的孩子会爬吗?"这样的问题通常会让父母产生许多疑问:什么是爬?是匍匐吗?爬行很重要吗?爬行为什么很重要?

首先,我们要搞明白爬行和匍匐的区别:匍匐是用肚子贴着地爬,而爬行是将身体抬离地面,用四肢(手和膝盖着地)支撑着身体移动。

如果孩子跳过了爬行阶段,并不意味着他一定会遇到问题。但是,由于每个运动里程碑都是大脑发育和身体发育的重要阶段,因此我建议父母收起支撑椅、学步车和其他支撑物,让孩子的腹部和背部得到充分的锻炼,紧跟发育的脚步。

爬行的重要性

我们很容易将身体的活动视为理所当然，从而忽视身体活动对于学习的重要性。身体的各种活动，包括呼吸、含乳、吞咽、转头、翻身、坐立、爬行、站立、行走、跳跃、投掷、捕捉、滑行、攀爬、疾驰等，都很重要，活动能让孩子发现自己身体的各个部位及其功能。

莫利·戴维斯（Mollie Davies）说，身体是一种行动工具，主要体现在以下三个方面：

· 动力——身体活动的信息；

· 空间——身体占据和利用空间的方式；

· 关系——使用身体，与人和物体互动的方式。

爬行同时用到了这三个方面。爬行之于孩子，就像你最喜欢的一道菜中的主要食材之于这道菜，如果缺少这个食材，这道菜便不存在了。

> 爬行是一个值得惊叹的运动里程碑，任何人都不能跳过它。父母应该给孩子赞美和鼓励。

爬行这一运动里程碑能为孩子将来站立、行走、学习和独立带来众多好处，得不到这些好处是非常可惜的。

俯卧和"地毯时间"有利于孩子顺利到达每个运动里程碑。因此，在孩子出生后就应让他更多地俯卧和玩耍，且越早越好。让孩子在父母的肚子上俯卧效果更佳。

在爬行过程中，孩子可以将之前通过到达各个运动里程碑所建立的神经连接和身体地图整合在一起并更新，绘制出更高级的身体地图。爬行还能增强孩子对姿势的控制力、平衡感、运动能力和操作能力。但是要注意，孩子能爬行并不意味着过几天他就能开始蹒跚学步了，孩子需要爬行一段时间以后才能巩固他绘制的更高级的地图，进而向下一个运动里程碑前进。

行进、姿势控制和平衡

爬行是孩子第一次行进。虽然孩子已经能够翻身,能从一侧翻滚到另一侧,从而到达某个地方,但他还不能直接向前移动自己的身体,而爬行可以。

姿势控制意味着孩子在活动或静止时可以协调并控制自己的身体。爬行需要很大的力量,因此在会爬之前,对称性紧张性颈反射会帮助孩子增强必要的肌张力和控制能力。对称性紧张性颈反射会在孩子向前低头时,使他的双臂弯曲、双腿伸直,以此增强背部、臀部、腿部和脚部的肌张力;在孩子向后仰头时,该反射会使他的双臂伸直、双腿弯曲,以此增强背部、肩膀、臂部和手部的肌张力。随着孩子体重的增加,他的身体越来越重,而四肢及核心肌群的力量还无法将身体直接抬起,因此孩子会先从"跪姿俯卧撑"开始练习爬行,然后逐渐抬起臀部,直到对称性紧张性颈反射停息,孩子才会克服重力,将整个身体抬离地面。

抬起头、伸直手臂可以锻炼上身力量,抬起臀部则可以锻炼下肢力量。

这个过程并不是悄无声息的，而是伴随着挣扎和呻吟的。直到某一天，孩子的头部能独立活动，不再与双臂和双腿"联动"了，这就表明他的肌肉已经足够强壮，他能用四肢将躯干抬离地面并保持该姿势了。这时他便有了姿势控制的能力。恭喜父母，庆祝的时间到了！你的孩子离爬行更近了一步！

此时，孩子的平衡系统和眼睛需要适应这个新的位置（离开地面一定的距离），建立一种新的平衡，然后孩子才能完全掌握爬行。

孩子活动或静止时都需要用到平衡能力和姿势控制能力，在这两种能力的共同作用下，孩子就能让身体持续远离地面，为爬行做好准备。

在眼睛的帮助下，孩子的本体感受器会与耳朵里的三个"水平仪"对话，进而让大脑知道自己的身体在哪里。在开始爬行之前，孩子会先向前、向后摇摆，以让自己的姿势控制能力、平衡能力和肌肉力量同步，同时让眼睛适应比之前一直习惯的高度高出一定距离的新位置。要知道，对于此时才十个月大的孩子的大脑来说，要同步所有这些信息和地图、神经连接是一件非常复杂的工作。

身体需要做出很多改变才能在远离地面和开始爬行之前感

到安全。有时候,孩子突然意识到这个新姿势对他来说太陌生了,就会感到害怕。然后孩子会僵立或趴倒,同时哭泣。这时,孩子需要家长的爱抚和鼓励,这对孩子而言也是更高阶段的学习。这一步很关键,因为爬行是一个逐步整合神经连接的阶段,如果跳过这个阶段,就会使孩子在关键时期不能获得"缓慢"且可靠地进行神经连接的机会,这会导致他的感觉运动统合能力差、肌张力低、姿势不良、吃相难看、书写和阅读能力不佳。

当孩子能用四肢撑起身体,头部可以自由活动且不会导致双臂或双腿弯曲时,他就能用四肢移动身体(爬行)了。

爬行和身体中线

孩子爬行时会意识到身体有左侧和右侧,从而意识到左侧和右侧之间有一条假想的线——身体中线。在爬行过程中,将右手向前放时,孩子会转头看向右手,之后左手向前时,他又会转头看向左手。在这个过程中,他很自然地从右向左越过了身体中线。

如果孩子不懂得如何越过身体中线,那么在看书时,他会读到页面中间就停止阅读;拼写单词或写数字时,他会突然转变方向,将整个人转向书桌的一边。这是因为越过身体中线需要用到两只眼睛、两只耳朵、两只手和两只脚,需要用到身体两侧的肌肉,需要有效刺激左右脑,如果孩子跳过了爬行阶段,就很有可能错过锻炼这些能力的机会。

爬行和空间定向

孩子要想爬过地毯、穿过桌底、从通道中爬出来,就需要学会里外、上下之分。同时,通过这些体验,孩子会理解自己的"世界地图"。在爬行阶段,家就是孩子的整个世界,是孩子要去理解的"迷你世界地图"。

通过爬过各种表面,如地毯、瓷砖、地板、草地、沙地和石子路面,孩子会感受到很多触觉刺激,这也有助于拓展他的身体地图,让他了解自己在空间中的位置,让他无须先看一下某个身体部位就能知道这个部位的位置。无须观察自己正在运动的身体部位是一种很重要的能力,这对孩子以后上学和做所有运动都重要。想象一下,如果一个高尔夫球手需要注视着自己的手而不是球,他该怎样击球?如果一个足球运动员需要注视着自己的脚而不是球门,他该怎样射门?如果一位钢琴家需要注视着自己的手而不是乐谱,或者一位芭蕾舞者需要注视着自己的脚而不是舞台,他们该怎样表演?

爬行和视觉

爬行能很好地锻炼孩子的视觉。爬行时,孩子需要睁大眼睛向前看,需要看着左手和右手,需要向上看、向下看。另外,爬行能让双眼同步工作,同时能锻炼姿势控制能力、平衡能力、行进能力、触觉、肌张力并让孩子学会越过身体中线,所有这些都为孩子今后的阅读、拼写做好了准备!

爬行时,孩子移动着身体,离开空间有限的婴儿床,穿过高脚椅的腿,爬出地毯,看到了前方的东西和其他小朋友并伸出手去触摸。在这个过程中,孩子扩展了自己所处的空间,慢慢地学着了解其他人和事,知道什么事情可以做,什么事情不能做。孩子会爬向自己的父母,向他们索要拥抱,与他们进行眼神的交流。

> 如果孩子的空间感差,排队时他可能会与他人靠得特别近,他写的字也可能会挤成一堆。
>
> 雷·皮卡
> (Ray Pica)

爬行和情商、智商

在一个特定的动作和大脑之间创建神经连接需要成千上万次的重复才能成功,因此父母必须想方设法让孩子喜欢用四肢爬行才行。孩子要先通过爬行来完善自己的身体地图,通过协调四肢和控制爬行动作来调动自己的感官、肌肉和大脑,绘制并使用更高级的地图,让自己表现得卓越,而不仅仅是"有进步"。在此之后,孩子才能建立自信心、自尊心,才能变得擅长交朋友,才能学会等待、分享和谈判。

情商是人与人交际所需要的。孩子成长的过程中需要其他人的参与,这是一种从"我"到"我们"的转变。

当孩子的"世界地图"完成了从"我"到"我们"的转变后,他就获得了说"不"的能力。将来有一天,当所有人都说"是"的时候,他会有魄力说"不";当所有人只会照着指示办事时,他会通过思考提出"如果"。

人事解决能力(情商)和问题解决能力(智商)是孩子长大后需要用到的重要能力。而当孩子还在爬行时,他思维性大脑的神经连接活跃起来,他的左右半脑都得到了刺激,让他成为全脑思考者,让他能将注意力从全局转向细节或从细节转向全局。

从握拳到抓握

手部功能的发育是影响孩子独立能力的最重要因素之一。试想一下,如果自己的一只手或两只手受伤会发生什么?平时最简单的事情,比如洗澡、穿衣服、用筷子吃饭、说话时打手势或用电脑都成了问题。同时,不触摸到物体就很难判断物体的重量、温度和质地,所有这些都与手密切相关,而快乐地用四肢爬行就能使手得到充分的发育。

孩子天生会紧握小拳头,但不会自愿打开手,也不会朝特定的方向伸展手臂。如果有东西触及孩子的手掌,他会将其紧紧握住,这都是因为握持反射。握持反射会在孩子出生后三至四个月停息,这之后孩子才有可能开始发展真正的抓握能力。在出生后二至四个月的时候,孩子会注意到自己的手,接下来他好像被自己的双手迷住了。他会将手靠近双眼,不断搓揉。一段时间后,孩子半张开的小手会向物体的方向伸展,试图握住这个物体。在孩子能坐立后,他就能准确地抓住物体并稳稳地将其握住,甚至能将物体从一只手转移到另一只手。

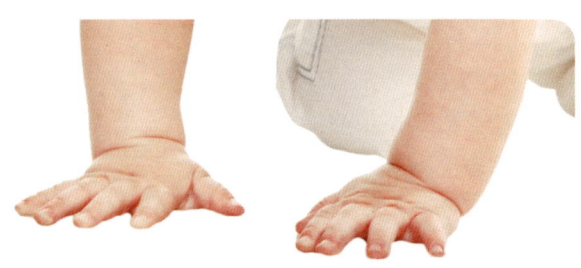

拿起、放下和钳夹 ●●●●

坐立让孩子学会了抓握，爬行能将触觉和抓握能力提升到一个新高度。孩子一旦能爬，就会想摸一摸自己所看到的事物——他会爬过去、坐下来、拿起来、探索一番。在孩子能熟练地拿起玩具后，他会先探索一会儿，"操控"一下，然后将玩具放下或放进收纳盒。

拿起和放下是两种不同的技能。孩子需要学会如何放手。而在孩子能将手中的瓶子安全地放到桌上之前，他需要学会估计自己距离桌子有多远，需要学会估计自己用多大的力量才能牢牢地抓住瓶子并将它运送到桌前。只有学会了这些，几年后，当他需要握牢蜡笔画画、使用剪刀裁剪、用铅笔写字时，才会得心应手。

不过，在孩子能画画、剪裁、写字之前，还要学会钳夹。用拇指和食指抓豌豆和玉米粒就是钳夹，孩子在自己喜欢的地毯上用食指和拇指抓绒毛也是钳

孩子爬行时，身体的重量集中在四肢上，有助于钳夹能力的发育。此外，爬行对以下能力也很有帮助：

· 肩膀、肘部、下臂和手部关节的控制能力；

· 手的弯曲能力；

· 手部肌肉分离运动的能力（小指侧肌肉的支撑能力和拇指侧肌肉的运动能力）；

· 手部力量和肌张力。

玛丽埃塔·维瑟
（Marieta Visser）

将一个特定的动作绘制在身体地图中需要重复成千上万次。

玛蒂·史汪尼普
(Martle Swanepoel)

夹。==当孩子的拇指能够与其他四指分开工作时,就代表他开始学习钳夹了。孩子学会钳夹后,就表明他已经准备好学习说话了。==我们在前面说过,有一根看不见的线将手和嘴绑在了一起,孩子含乳时,双手也会不断地活动。当孩子将身体的重量施加在手上时,双手会大大张开,在这样的过程中,手部肌肉会变得越来越结实,从而让孩子可以轻松地使用勺子、蜡笔、剪刀等工具。

现在,孩子的双手已经发育得很好了,他已经准备好让嘴巴进一步"发育"了。

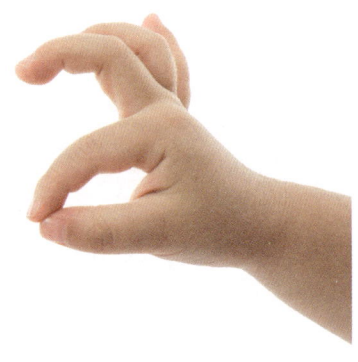

> 钳夹让我们能轻松地握住铅笔，将铅笔放在拇指、食指和中指之间。拇指和食指为技能指，而中指、无名指和小指为辅助指。我们在很小时就开始学习用这种方式握住铅笔，并快速、流畅、清晰地书写了。
>
> 握铅笔时，每根手指都发挥着重要作用。
>
> 拇指：控制所有圆周运动并推动铅笔。
>
> 食指：控制铅笔的推拉动作。
>
> 中指：支撑并稳定铅笔。
>
> 无名指和小指：提供稳定的"底座"。
>
> 艾利·马里（Elrie Maree）

错误的爬行姿势

本书所说的正确的爬行是指用四肢支撑身体,双手和双膝着地前行。正确的爬行姿势要求将身体抬离地面,让背部像桌面一样平直。以下爬行姿势是错误的,如果孩子用这些方法爬行,说明他还没到达爬行这个运动里程碑。

匍匐爬行

肘部着地,双腿平放在地上,双臂用力拖动着身体爬行。

螃蟹式爬行

双手着地,一条腿的膝盖着地,另一条腿的膝盖抬起、脚着地,侧身爬行。

狗熊式爬行

双手、双脚着地,膝盖不着地,双臂和双腿伸直,摇晃着爬行。

游泳式爬行

腹部贴着地面,膝盖和手臂发力推动身体爬行。

坐姿爬行

采取类似坐姿的姿势,用双手支撑,靠双腿的伸展和弯曲发力,屁股蹭着地面向前跳跃着前进。

顺拐爬行

爬行姿势基本正确,但是同侧手臂和腿同时向前或向后。

向后爬行

爬行姿势正确,但无法前进,而是后退。这是因为孩子胳膊的力量比腿强。如果出现这种情况,家长不必担心,孩子很快就会向前爬了!

过度保护

孩子在活动时会呜咽、挣扎，父母看到可能会不忍心，但一定不要试图帮助孩子，因为帮助孩子等于毁掉了他同步肌肉、感官和大脑的机会。

要经常让孩子俯卧或仰卧，让他无阻碍地自由活动。这样，当孩子到了能移动身体的时候时，他就会开始呜咽、推、挤。这是一个好兆头，因为呜咽就是早期的说话，能激活大脑，促使大脑建立新的神经连接。但是神经连接的建立需要一段时间才能完成，这就意味着孩子需要呜咽、推、挤一段时间。直到某一天，当孩子所需要的肌肉力量、协调能力和姿势控制能力都发育得足够好了，能让他按自己的意愿移动自己的身体了，这种呜咽、推、挤才会停止。让孩子自己做自己的事是父母送给孩子的最宝贵的礼物，是让孩子变得自信和独立的基础。

孩子未到达"爬行"里程碑的表现

如果孩子有以下表现,则说明他未到达"爬行"这个运动里程碑。

· 含乳能力差。

· 不能轻松地向左、向右转头。

· 不能平稳地仰卧并用双腿大力地蹬踢。

· 不能轻松地翻身。

· 腹部肌肉不够强壮,不能在父母的帮助下做"跪姿俯卧撑"和"仰卧起坐"。

· 不能在没有帮助的情况下独自坐起。

· 不能很协调地坐着活动。

· 不能坐直,常常弓着背。

孩子未到达"爬行"里程碑的影响

孩子没有到达"爬行"这个运动里程碑并不意味着他长大后一定会有问题,但是研究表明,小时候不会用四肢爬行的孩子的以下方面多有问题:

· 运动能力;

· 姿势控制能力和平衡力;

· 肌张力;

· 手眼协调能力;

· 左右半脑的发育与整合;

· 触觉和视觉能力;

· 空间感和距离感知力;

· 与他人进行眼神交流的能力;

· 对肩膀、肘部、下臂和手部关节的控制力;

· 手部肌肉分离运动的能力(小指侧肌肉的支撑能力和拇指侧肌肉的运动能力);

· 使用勺子、笔或剪刀等工具的能力;

· 越过身体中线的能力。

能够提升婴幼儿爬行能力的BabyGym活动

·将玩具或食物放在孩子看得见但够不着的地方，激发孩子移动身体的欲望。

·如果孩子已具备爬行的能力但还没有想爬的欲望，可以将一条毛巾放在地毯上，让孩子趴在上面，四肢和头露出毛巾边缘。父母拽住毛巾的四角将孩子拉起，孩子的身体便会自动呈跪姿。然后放下毛巾，让孩子跪着，轻轻地向前、向后推孩子。每天练习，直到孩子会主动爬行。

·让孩子与你面对面地跪在你的膝盖上，孩子会很喜欢这个姿势的。这个姿势还可以激发孩子对膝盖的觉知。

·让孩子平躺在你的膝盖上或地上，用手握住他的脚踝。依次向上推他的脚踝，让他的膝盖交替弯曲，就像在骑自行车一样，然后慢慢加快速度。每次做这个活动时都唱同一首歌并根据歌曲的韵律加快或减慢速度。一段时间后，当你要加快或减慢速度时，孩子就会很高兴地期待你的动作。

"菱形腿"指孩子的膝盖在活动时会分开，这种姿势是不利于爬行的。因此，在孩子做骑自行车这样的活动时一定要注意孩子腿部的姿势，让孩子的膝盖笔直地向上运动，不要分开。

能够帮助未到达"爬行"里程碑的幼儿追赶发育脚步的Mind Moves活动

以下这些Mind Moves活动很简单,也很实用。每天练习,坚持六周,每个动作每天至少重复三次,越多越好。这些活动可以帮助孩子赶上发育的脚步。注意,做动作时要缓慢且有控制地进行。

同侧行走

让孩子的左臂和左腿一起移动,然后是右臂和右腿,即"顺拐"行走。重复十次,然后进行双向行走(下一个活动)。

双向行走

让孩子用左手摸右膝盖,然后用右手摸左膝盖。交替进行,重复十次。起初可以躺着做这个动作,熟练后可以站起来边走边做。

游泳式爬行

在地毯或草地上爬行。让孩子肚子贴在地上,弯曲胳膊和腿,四肢用力向前推动身体。可以先在平坦的表面上爬行,然后在斜坡上爬行。该活动有助于锻炼躯干肌肉、增强肌张力、刺激前庭系统。此外，这些活动还能增强孩子的姿势控制能力和协调能力，有利于将来学写字和运动。

张开手掌

让孩子将手指使劲地张开，保持住，数八个数，然后放松。之后握紧拳头，保持住，数八个数，然后放松。

鼠标垫

眼睛对于大脑而言就如同鼠标之于电脑。眼睛向上、向下、向左、向右转动或保持不动时，都会刺激大脑不同的部位做出相应的反应。让孩子举起一只手，做点赞的姿势，拇指放在位于距离眼睛一肘的位置上，然后向上移动拇指，先绕着左眼转一圈，再绕着右眼转一圈。重复五遍。之后换另一只手重复这个活动，同样重复五遍。

第十七章
运动里程碑5-1:
站立、蹒跚学步和行走
——来到新高度

运动里程碑是表明发育进度的标志。

在孩子还小,还不能开口说"我很好"时,我们可以通过阿普加评分、反射反应和运动里程碑来判断孩子是否"很好"。

研究表明,孩子可以通过动作来表明自己是否发育良好。因此,可以通过运动里程碑来衡量孩子取得的进步。

不断地到达各项运动里程碑的过程也是孩子逐渐独立的过程。独立能让孩子建立自尊、自信,为社交、沟通做好准备。在学步时期,身体健康、能自信独立地移动身体的孩子与语言相关的神经连接的建立会加快,这能帮助孩子结交朋友,与朋友玩耍、交谈。能使用语言不仅标志着孩子的身体、情感和社交能力得到了极大的发展,还表明他拥有了"思维工具",表明他正在为上学做准备。

直立让孩子变成"真正的人类"。

运动里程碑与上学准备

上学准备是一个过程,包括胚胎发育到上学前的发育的各个阶段。在这段时间里,如果孩子得到了发育所需的足够的刺激,他就做好了上学准备。

做好了上学准备说明孩子已经具备了<u>一些</u>必要的技能,说明他能从"具象学习"(学习吃饭、喝水等)过渡到"符号学习"(学习"abc""123"等)了。

此外,做好了上学准备还说明孩子的以下技能得到了充分的发展:

· 大肌肉运动技能和精细运动技能;

· 对身体的控制力,越过身体中线的能力;

· 情感、社交、认知能力。

其中,认知能力包括:

· 视觉和听觉的感知能力;

· 记忆力;

· 在具象、半具象和抽象层面上的推理能力;

· 一侧优势(如有惯用手);

· 空间定位能力;

· 对关键性和创造性问题的解决能力;

· 语言技能。

到达运动里程碑表明孩子的感官、大脑、肌肉、神经连接和身体地图正在自然、有序地发育。

直立与语言能力

直立是一个高阶的运动里程碑,它表明孩子最终"成为人类",能够用两条腿走路。如果孩子能够协调、有控制地移动身体和停止移动,就表明他已经为学习语言和上学做好了准备。但是,如果孩子不能够协调、有控制地移动身体和停止移动,其语言能力是否一定会受到影响呢?不一定。一项能力的缺失并不一定会影响另一项的能力的发展。不过,语言也是一种"熟能生巧"的技能,如果孩子的运动不够敏捷、没有节奏感、不协调,他的语言能力有很大的可能会受到影响。

孩子需要忙起来。

前面说过,孩子需要经历一次"极度活跃"才能保证与学习和发育相关的神经连接建立得完善。不够活跃的孩子的发育速度通常比活跃的孩子慢,到达运动里程碑的时间也晚。不过,迟一些到达总比不到或跳过某个运动里程碑要好。

保持直立

在出生之前,孩子通过觅食反射和吮吸反射就能够做出各种姿势了,比如张嘴、转头。通过做出各种姿势,孩子的颈部和头部逐渐稳定,腹部和背部肌肉逐渐强壮,这样他就能够对抗重力、保持平衡、坐立、爬行、行走……最后,他会学会保持各种姿势。

平衡力和肌张力是保持直立所需要的两个关键能力。同时,耳朵内前庭系统的三组"水平仪"能让孩子知道自己是否直立,或需要往哪个方向移动才能保持直立。重力能让孩子意识到哪个方向是"下",而肌张力能让孩子向左、向右、向后、向前、向上、向下移动。这就像在挂照片时,你需要不断调整照片的位置将照片摆正。保持直立也是这样。

孩子的肌张力和平衡力能够帮助他保持姿势,解放出双臂和双手做其他事情,比如坐着玩积木、弯腰捡起玩具、端稳一杯果汁走路。在能保持直立的姿势后,孩子便慢慢地可以在跑步时接住球、在骑自行车时挥手、在阅读和写字时思考了。

从站立到行走

站立、蹒跚学步和行走的过程是孩子从发现身体及其感知能力到发现周围的世界、物体和人的过程。孩子开始走路时就表明他进入学步期了。

学步期的孩子学步30分钟等于做了两小时的有氧锻炼,消耗的能量相当于跑了七分之一个马拉松(约16千米)。学步期的孩子平均每天摔倒90次。

爬行让孩子对周围的环境有了新的认识,但随着爬行给孩子带来的刺激减弱,孩子的好奇心会再次刺激他去"寻找刺激"。此时,孩子的大肌肉运动技能、精细运动技能、平衡感和协调能力都有了很大的提升,他会拽着母亲的衣服或扶着家具将自己拉离地面,呈站立姿势。站立起来后,新视野让他着迷,有时候他甚至会忘记坐下,或者突然哭泣。是的,孩子刚学会站立时往往会被自己的身高吓到并开始哭泣。这种感觉就像站在悬崖峭壁边缘,没有东西可扶时的无助感。

孩子哭泣时,可以将他抱起,安慰安慰,然后放下。记住,一定要将他放下,即使再不忍心也要这样做,因为只有挣扎才能换来自由。孩子在挣扎着站起来的过程中,进一步增强了自己的肌肉力量和对躯干的控制能力,同时也能促使他的腿部肌肉和双脚的平衡感迅速发育。

最好让孩子经常赤脚。因为在站立时，孩子的小脚趾会紧紧地抓住地面，而脚趾的弯曲有助于足底保持弓形，从而让他更好地保持平衡。大脚趾与大脑之间的神经连接是整个身体中最长的，需要很多的刺激才能建立，一旦建立完成，孩子就能像模像样地走路了。但是，大脚趾与大脑之间的神经连接必须等到所有内部感觉和外部感官、身体其他部分的肌肉与大脑的各个部分之间都完成神经连接并绘制出相应的身体地图，所有原始反射都停息后才能走上正轨。如果有任何原始反射仍然处于活跃状态，孩子能够站立并用两条腿走路的胜利时刻就会延迟到来。

孩子学走路时经常摔跤，然后爬起，在这个过程中，孩子的脚底会得到足够的刺激。慢慢地，孩子会建立起自信，能侧身、绕着家具蹒跚学步，就像螃蟹绕着桌子腿行动一样。这种螃蟹式的移动对学习行走十分重要。

到目前为止，孩子已经踢、爬了几个月了，他已经知道如何向前移动了，但他还不会侧身或改变方向以避免撞到东西。

蹒跚学步和侧身行走不会持续太久，因为孩子的各种神经连接已经稳固了，臀部和腿部、脚部也能够支撑身体了。孩子只需要进行短时间的锻炼就可以适应一切，在蹒跚学步后不久就能开始正常行走了。

赤脚对孩子来说是最好的,因为没有鞋底的妨碍,孩子的双脚可以随意地弯曲和伸直,脚底可以呈弓形,脚趾可以抓牢地面。鞋子虽然很漂亮,在短时间内对孩子很有帮助,但如果一直穿着就会干扰孩子行走。

当大脑发出"准备就绪"的命令后,孩子会紧紧地抓住父母的手,勇敢地迈出第一步。此时,孩子的臀部往往会过度伸展,双腿也有些僵硬,但兴奋感会推着他继续前进。

为什么臀部会过度伸展,双腿会有些僵硬呢?因为臀部和双腿缺乏共同支撑身体并使身体运动起来的经验。尽管在爬行时臀部和双腿已经得到了一定程度的锻炼,但爬行时身体的重量分布在肩膀、手臂、臀部和双腿上,而现在,身体的重量都压在臀部和双腿上。因此,孩子需要快速增强肌张力和内部感觉来适应行走。在这个过程中,关节有些僵硬实际上是孩子的自我保护,因为如果关节过于柔韧,则会影响关节和肌肉的发育,导致孩子总是跌倒,从而厌恶行走。

孩子不断地重复着、摇摇晃晃地扶着家具行走,并在家长的不断鼓励下学会真正的行走。这时，孩子终于能在没有帮助的情况下迈出第一步了。记得记录下这历史性的一幕！

再次提醒，我们对孩子的尝试和失败的反应决定着孩子的未来。你越保护孩子，孩子越会觉得自己"还不行"。==让孩子从跌倒中学习，在他失败时安慰他，鼓励他再次尝试，孩子就会觉得自己"一定能行"==！

> BabyGym研究所的一项观察结果表明，左脑占主导地位的孩子先会说话再会走路，而右脑占主导地位的孩子则先会走路再会说话。这是因为左脑偏好的孩子往往具有较强的语言能力，倾向于不断地说自己想要什么；而右脑偏好的孩子具有较强的动手能力，倾向于自己动手，而不是让别人来满足他的要求。
>
> 请注意，没有所谓的"左脑孩子"或"右脑孩子"，孩子都是"全脑孩子"，只是在发育的过程中，他会倾向于先使用某个半脑，再使用另一个半脑。

孩子未到达"行走"里程碑的原因

有些孩子在十个月左右就开始走路了,而有些孩子则要在十六个月后才开始走路。事实表明,只有60%的孩子能在过第一个生日之前学会走路,孩子到达行走这个运动里程碑的时间变数最大,并且行走的早晚和孩子的智商没有关系。记住,越早并非越好。孩子在情感、社交和认知上能做的所有事情,都需要他的身体先做好相应的准备,千万不要急于求成。以较慢但始终如一的速度到达各个运动里程碑要比以百米冲刺的速度到达某一个运动里程碑好得多。不过,如果孩子在16个月后还没有开始尝试行走或对行走不感兴趣,可能有如下原因:

· 原始反射仍处于活跃状态;

· 还未到达一个或多个行走之前的运动里程碑,还未完成相应的神经连接;

· 体重增长过快,肌肉力量和肌张力有待加强;

· 大人对孩子保护过度,比如孩子想让人抱时都会被抱起来,因此孩子还没有学会靠努力与挣扎来获取自由。

孩子未到达"行走"里程碑的影响

如果孩子学不会行走,那么他会一直依赖着你。身体上的独立能力受到限制,会妨碍孩子在幼儿园、学校中的人际关系。不过,身体方面的问题不会影响智力的发育,尽早发现问题并寻求帮助可以避免许多发育障碍。

当许多不同的人提出你的孩子存在某些问题时,请注意聆听,也许他们注意到了什么而你却忽略了。如果确实是这样,请立即寻求帮助。

> 你是孩子通往世界的窗口。要关注孩子的每一个运动里程碑,如果有延迟,就必须采取行动,将他通往世界的窗口清理干净。
>
> 狄巴克·乔布拉
> (Deepak Chopra)

母亲对自己的孩子出现的问题会十分敏感。任何时候,当母亲本能地察觉到孩子有问题时,请立即寻求专业人士的帮助。

有的母亲对自己的孩子存在的问题可能会过度敏感,实际没问题却总觉得哪里有问题,不过寻求帮助总没有坏处。

父母对孩子所做的事情的反应决定了孩子会变得独立还是依赖大人。鼓励促使孩子独立,而嘲讽会导致孩子害羞、依赖大人。

能够提升婴幼儿站立和行走能力的BabyGym活动

· 如果孩子还没有学会站立,可以将他放在低矮、坚实的物体前面,让他呈跪姿,手扶着前面的物体。然后轻轻抬起他的一侧膝盖并将脚平放于地面上。之后轻轻地扶起孩子,让他的体重转移到放于地面的那只脚上。每天重复几次,坚持一段时间,孩子就能形成肌肉记忆,学会如何站立。

· 让孩子玩可以推的玩具,比如儿童推车,因为在玩这些玩具时孩子会感觉自己仍然能够得到支撑,可以在有安全感的情况下学会行走。

能够帮助未到达"站立"里程碑的幼儿追赶发育脚步的Mind Moves活动 •••••

每天重复下面这些活动,坚持六周。练习时间不限,早晨、中午和晚上都可以进行。

狭窄的基础

基础过宽指双腿在行走时分得过开,从正面看两条腿呈"八"字形,而正常情况下两条腿应为"II"形。对于基础过宽的孩子,可以让他平躺,抬起腿模拟骑自行车的运动,运动时家长要限制孩子的两条腿不向外扩,保持平行运动。

跳跃

鼓励孩子跳跃以加强双腿力量,提升平衡力。

躯干活动

如果上面的方法不起作用,请退回几步,进行与躯干有关的Mind Moves活动:让孩子自己从上至下轻轻地按摩耳垂三次,以唤醒平衡感、增强肌张力。注意,这时做躯干练习要让孩子躺着做,并且不要着急,做得太快效果不好。

18

第十八章 运动里程碑5-2：行走、停止和社交——告别婴幼儿时期

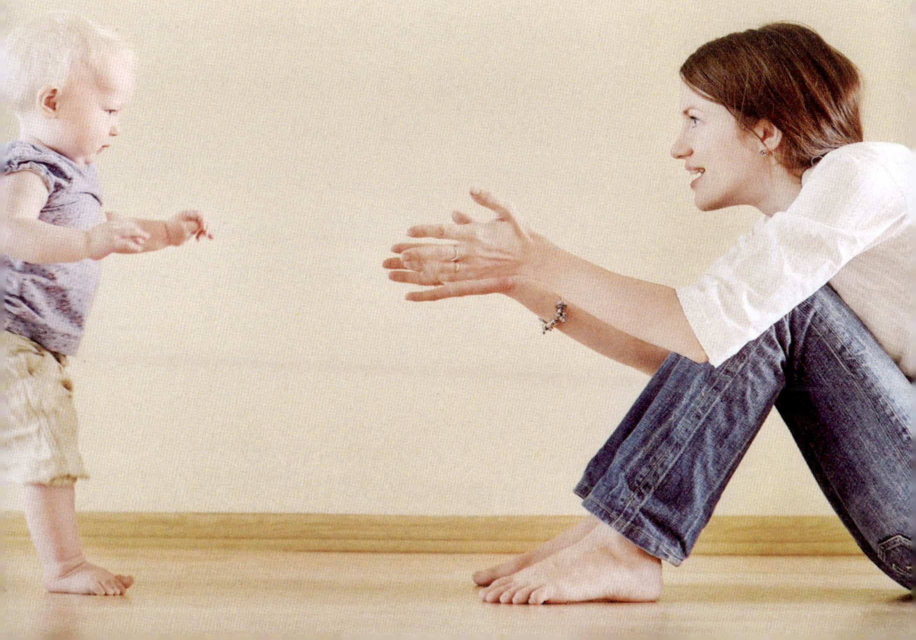

爬行为孩子提供了一种看待世界的新方式，行走也一样，为孩子提供了全新的视野，让他开始了新的探索与学习。

孩子很擅长找出我们在保护他的安全方面的疏漏，尤其是在他能够自主活动后。他会发现我们忘记盖住的插头，然后用他的小手指去戳；他会拉扯我们忘记收好的桌布，将桌子上的碗碟摔成碎片；他会找到唯一一个我们忘记上锁的橱柜，然后翻个天翻地覆；他会在柜子后面找到过期的药品，在沙发和靠垫之间找到发霉的面包……

在家长的不断鼓励下，通过反复练习，孩子学会了行走，但他走路时双腿会分开，想停下时又会摔倒。我们要注意观察孩子走路时的动作，纠正他的错误姿势，让他的双腿呈"Ⅱ"形，教会他正确的行走方法。==如果孩子走路时喜欢屈腿，则说明他的躯干还不够结实，最好再进行一些与躯干有关的锻炼。==注意检查孩子的尿布和衣服，尿布太湿或衣服过于厚重也会使孩子走路时屈腿，有下蹲的趋势，这对关节有害。

停止的重要性

学骑自行车时，你会发现一直骑比较容易，而起动或停下比较难。这与孩子学行走是一样的。停止需要大量的肌肉参与，孩子在会爬、会走、会跑很长一段时间后才能学会停止。能停止表明孩子已经具备了足够的肌肉力量来保持平衡。如果孩子在18个月之前学会了停止或保持某个动作，则表明他不太可能成为多动的孩子，这是他将来能集中注意力和静坐的先决条件。

不过，我们对孩子能够保持静坐的时间长度要有一个合理的认识。孩子不可能静坐超过30分钟。一般来说，婴幼儿时期的孩子能静坐的时间与他的年龄一样。如果孩子两岁，他就只能静坐两分钟；如果五岁，就能静坐五分钟。

会行走、爱探索的孩子很快就会发现世界上的其他人和事。与他人接触有助于孩子发现自己对他人和所在的世界的感受，而感受是让大脑了解自己内心感觉的信使。当孩子开始与其他人和周围的世界（如房子、汽车、商店）互动时，这些感觉的信使就会被激活。因此，行走、停止等行动也是激活孩子的情感和认知的重要条件。

孩子想成为独立的人并且被接受，因此他要不断地学习、成长。"成为独立的人"指身体的发育，从出生时的什么也不会到长大后能够独立行动、做事；"被接受"指情感、心智的发育，从出生时的孤立到迈向社会与他人建立关系。但是，孩子并非生来就懂得如何做、何时做,以及如何获得批准去做或何时不去做以免受到惩罚。因此,在孩子开始行走时,就要开始对他进行约束,教会他"放弃"。

从孩子开始探索世界的那一刻起,他就要学习"界限"与"停止"。

孩子的社会化

孩子的社会化指孩子适应社会的过程。孩子的社会化并非从孩子开始行走才开始的，而是从母亲怀孕的那一刻起就已经开始了。当受精卵开始不自觉地与母亲"交流"，使母亲感到不适或感觉"有什么不同"时，孩子的社会化就开始了。当母亲察觉到孩子的存在，之后确认自己已经怀上了孩子的时刻，便是母亲与孩子的第一次"交流"！如果母亲对孩子的到来感到欣喜若狂，孩子便会感受到"被接纳"；如果母亲并没有打算怀上孩子，甚至感到失望，那么孩子会感受到"被排斥"。

虽然孩子能察觉到母亲的反应、情绪和身体状态，但是他的情感和社交能力发育的关键期是在出生后的第14个月到四岁左右。在这段时间里，孩子的身体已经发育得足够成熟了，他可以相对独立地生活了。他知道如何行走，如何将东西拿来、拿去，甚至会在需要更换尿布或衣服时拉扯尿布或衣服。在想吃东西、口渴或不适时也懂得如何沟通，知道需要向谁"诉说"，以便让这些需求得到满足。

从"我"到"我们"

从很小的时候起,孩子就会意识到自己必须依靠其他人才能使自己快乐并让自己的需求得到满足。一旦孩子意识到自己需要他人才能让某件事发生,并且他人也需要自己来让某件事发生时,他就走入了社会性发展的大门。

随着孩子与人的接触以及他的"世界地图"的扩大,他的情感性大脑会进入新的发育阶段,这个阶段也是社会性发展的敏感时期。在这个时期,孩子已经准备好将注意力从"我"转移到"我们"了。此时,大脑与感官、手、脚及其他部位之间的神经连接数量会突增,这是因为孩子想与他人接触、需要被他人接受,他想听到并看到父母的爱,他想跑向父母,他想要认识、融入他身处的社会。

这时,情感、社交能力和语言能力同时快速发育。

按摩、拥抱以及大量的鼓励对情感发育很有帮助。

情绪是学步期的孩子的交流方式。这时候,大脑可用的语言只有情绪,大脑也只能将孩子心里想表达的信息通过孩子的身体活动和各种哭声表达出来。因此,孩子发脾气其实就是在说话,他是在说自己非常沮丧,因为他确切地知道自己想要什么或不想要什么,但是还不能用真正的语言表达出来。

你会发现,虽然处在学步期的孩子应该学习如何"被接受",但他也会一次又一次地以让人无法接受其至令人难堪的方式发脾气。这太矛盾了!因此,这个阶段对于孩子来说是非常艰难的,对于孩子的家长也是如此。

玩耍、讲故事和说押韵的句子是语言能力和社交能力发展的基础。

孩子通过反复尝试和犯错学习社会规则和"界限"。

对于孩子来说,学会什么是可以"被接受"的同时也就是学会了什么是不可以"被接受"的,但是他还小,要找到"被接受"和"不被接受"之间的界限并不容易,这就需要父母来帮助他定义清晰的界限。父母通常以说"不行"和"行"来定义界限。

根据统计,孩子平均要听到18次"不行"才能听到一次"行"。正是因为孩子频繁地听到"不行",他才会频繁地使用"不行";正是因为父母常用"不行"来设置界限,孩子才会学着用"不行"来设置界限。父母以说"不行"来保护孩子的安全,孩子也模仿着父母的方式来保护自己在乎的事的安全,但不一定是为了安全。在蹒跚学步的阶段,孩子设置的界限多是关于自己的主张的,因此在"不行"之后,孩子第二喜欢的词通常是"我"。

当孩子说"我来"时,他的意思是

"我想自己做"。"我来"是追求自由和独立的呐喊,这是因为学步期的孩子从父母那里得到的"被接受"的方式与他追求、预期的方式不同。学步期的孩子的行为不会无缘无故地发生,这是由他的身体发育、情感发育和思维性大脑的发育情况决定的。他在不高兴的时候就会乱踢、尖叫,就像他在能站起来之前需要几个月的时间来增强腿部和背部的肌肉力量一样,他的行为一定是有原因的。

任何情感,如果没有能够传达它的语言和可传递的人,都会不断地积累直到爆发。当孩子感到自己"被接受",愿意与陪伴他的父母交流时,孩子的情感和语言能力的发育自然就会变得顺利。当情感和语言能力的发育达到一定程度,孩子的大脑就能够控制他的行为。

此时,蹒跚学步的孩子不再只是对他人的行为做出回应,他还能通过喊叫尝试主动与他人接触,通过伸出双臂让别人抱起他。在这个阶段,孩子会模仿你的一举一动,向你学习。孩子也会模仿你讲话,能够说出简单的词。到一岁时,父母与孩子之间建立起来的丰富的交流方式会让孩子意识到自己是被爱和被接受的。在这个安全且温暖的环境中,孩子开始敢于说话、敢于结交朋友并敢于成为别人的朋友。

互动是情感和社会性发展的关键 •••••

孩子通过与他人互动、建立关系成长为"真正的人"。母亲温暖、柔软的皮肤和爱抚为孩子今后所有的关系奠定了基础。前面讲过,孩子是通过气味、触感、味道和声音来认识他人的。这就是为什么要在给孩子喂奶、洗澡、更换衣服时对孩子进行爱抚,轻声与他说话。父亲也要多抱一抱孩子、经常抚摸孩子、与孩子交谈和玩耍,否则父亲可能会被孩子视为陌生人。

开始说话

当孩子挣扎着站起来,慢慢行走,最终能够自己从一个地方走到另一个地方时,他就成为"真正的自己"了。站立、蹒跚学步、行走就是从"我"到"我们"的过程。在此之前,孩子的注意力一直集中在发现自己的身体、身体的感觉和身体能做什么事情上。而在此之后,孩子的注意力便从发现自己的身体转移到了发现环境、物体和他人上。通常情况下,孩子从这一刻开始就不喜欢奶嘴了,因为行走和说话的乐趣已经足够了,他不再需要奶嘴来安抚他了。孩子在学会新技巧的同时,就已经把"旧爱"留在身后了。

开始行走意味着开始说话。现在,孩子需要学习说话,学习让嘴唇、舌头和脸颊一起作用。开始,他会高兴地说"咿咿""呀呀"。在得到他人的鼓励后,孩子的自尊心和自信心会大大增加,他的与语言相关的神经连接会快速地建

> 长时间使用奶嘴可能会影响言语能力、社交能力的发展,因为吮吸时孩子的注意力集中在"我"而不是"我们"上。

立，他的语言能力便会快速发展。

在孩子能站立、蹒跚学步和行走时，他就能自由地伸出双手，扩大自己的"领地"，周围的世界将成为他快乐的源泉。现在，孩子的身体地图已经基本绘制完成，并且，这个地图已经是一个三维地图了——在孩子只能仰卧和俯卧时，他从下向上看来绘制地图；在他能够坐立和爬行时，他从侧面看来绘制地图；在他能够站立和行走时，他从顶部看来绘制地图。现在，"小工程师"需要绘制更多的地图了，比如猫、狗、垃圾箱、橱柜、厕所、椅子、婴儿车、婴儿床等各种新事物的三维地图，而不仅仅是身体地图了。

认识新事物意味着认识新词汇。此时，孩子的词汇量会迅速增加。

这是一个"大发现时期"，你要明确地知道，在这时"没有东西是越界的"，孩子接触与经历得越多，得到的刺激就越多，地图便越完善、丰富。因此，请确保家里的一切对孩子都是安全的！

三岁及三岁以上幼儿停止或社交能力不足的表现

如果孩子有以下表现,最好咨询专业的教育心理学家,让他们帮助你的孩子找到问题的根源,让孩子变得更加自信、独立。

- 过度情绪化。
- 非常黏人。
- 常吮吸拇指。
- 爱咬指甲,爱嚼衣服或头发。
- 需要不断地安慰。
- 控制力差,无法等待或分享,好冲动。
- 常无理取闹,很难接受"不"。
- 不会与同龄的孩子交朋友。
- 经常欺负其他孩子或被其他孩子欺负、嘲笑。
- 情绪暴躁,爱发脾气。
- 不易平复心情,自我调节能力差。
- 五岁多了还常尿床。

孩子停止或社交能力不足的影响

停止和社交是孩子结交朋友、建立自信和自尊、增强记忆力、与他人一起学习的关键。如果孩子没有学会停止,可能会对他以后生活的方方面面造成不好的影响。

你一定要多花些时间教孩子什么可以,什么不可以。对于处在学步期的孩子来说,在你说停止时他能够停下行走就是达到目标了。你还可以购买一本有关纪律方面的育儿指南,从孩子刚懂事起就明确界限,让孩子学会停止。

能够提升婴幼儿的界限意识和社交能力的BabyGym活动

年龄小于两岁半的孩子会在他人旁边自己玩,而不是与他人一起玩,这是很正常的,不要逼迫他参与。家长要有耐心,对待孩子的态度要始终如一,因为只有这样才能增强孩子的安全感。

· 母亲在怀孕期间要经常和孩子说话。

· 孩子出生后,要经常向他解释你正在做的事,比如洗澡、穿衣服、吃饭,这样可以帮助孩子建立词汇库。

· 和孩子保持眼神交流,这样做可以让孩子感到"被接受"。

能够帮助幼儿学会停止的Mind Moves活动

对于有三种或三种以上停止能力不足表现的孩子,要更加关爱和鼓励他。以下这些Mind Moves活动对孩子很有帮助,可以将其作为辅助治疗的方法。按顺序练习,每天至少练习一遍,坚持六周就会有明显改善。

Mind Moves按摩

让孩子站直,双手侧平举。家长站在孩子身后,用手沿着孩子的身体轮廓从头到脚滑动,滑到脚时抱住他的脚停留一会儿。重复三遍。研究发现,由父亲来做Mind Moves按摩时,孩子的反应特别好。

深呼吸

让孩子缓慢地张开双臂,同时缓慢地深吸气。双臂张开至极限、同时深吸气致极限时,再缓慢地收拢双臂,紧紧地抱住自己,并缓慢地呼气,同时家长要从背后抱住孩子。抱紧孩子,坚持一段时间再放开。这个活动能帮助孩子更好地接受自己。

摇摆小船

让孩子两人一组，平躺在地面上，双腿分开，脚掌抵脚掌互相借力。然后让孩子坐起来，握住对方的手，身体后仰至极限。之后让两个孩子像划船一样来回摇摆，一个孩子尽可能地向后躺，另一个孩子则向前倾，如此交替进行。这是一个有趣的活动，孩子会边玩边笑。

肩带锻炼

让孩子面向门框站直，双脚并拢。然后让孩子将一个肩膀抵在门框上，轻轻地向前倾，手脚不动，让门框将肩膀向后推，感受胸部扩张的感觉，直至极限。保持在极限位置，数八个数，同时缓慢地深呼吸。之后放松，重复三次后换另一个肩膀抵在门框上，再重复做三次。这个活动能很好地提高孩子的自尊心和社交能力。

腿部锻炼

让孩子坐在椅子上，双腿向前伸直，脚后跟轻轻落在地面上。然后让孩子将双腿抬离地面，勾起双脚，注意不要让小腿肌肉过度紧绷，数八个数后放松。之后放下左腿，将左脚放在地面上，勾右脚，数八个数后放松。再换腿，将右脚放在地面上，抬起左腿，勾左脚，数八个数后放松。整套动作重复至少三次。完成后让孩子感觉一下小腿肌肉是否有所不同，并说一说。

玩桌游

鼓励孩子玩纸牌或棋盘游戏。有规则的游戏可以让孩子学习如何等待和分享。

能够提升幼儿社交能力的Mind Moves活动

如果处在学步期的孩子仍旧存在触觉防御（对无害的触觉刺激有嫌恶或避免行为）或常感到焦虑，那他可能有社交困难。以下Mind Moves活动对安抚触觉防御，提升社交能力很有帮助。

开始和停止

如果孩子由于无法控制自己的动作或身体运动而不愿与他人接触，可以经常与孩子玩"开始、停止"游戏，配合音乐玩会更有趣、效果更好。例如：与孩子约定，音乐播放时拍手，音乐停止时便停止拍手。

约定

与孩子约定并鼓励他遵守约定。例如：与孩子约定，在穿衣服时要一边说"将左脚放在这里""将右手在那里"等行动指令，一边按照指令穿衣。另外，从小就教孩子分清左右对孩子今后的学习也很有帮助。

照镜子

经常让孩子照镜子。处在学步期的孩子非常喜欢看着镜子里的自己并与之交谈。

对孩子的期望要符合实际,要知道孩子仍处在学习停止、等待和分享的阶段,他需要时间来将这些事做到完美。请记住,成千上万次的重复才能变成习惯。

其他活动

·父亲要尽可能多地与孩子交谈、玩耍。

·经常对孩子微笑,表现得很高兴。

·与孩子玩简单的游戏,比如捉迷藏、追跑等。

·鼓励孩子自己进食。

·对孩子成功做到的事情表现出自豪感。

参考文献

Ayers, J. 1994. Sensory integration and the child. Los Angeles: Western Psychological Services.
Blakemore, S. & Frith, U. 2005. The learning brain. Oxford: Blackwell Publishing.
Brandsford, J.D., Brown, A.L. and Cocking, R.R. 2001. How people learn: Brain, mind, experience and school. Washington D.C.: National Academy Press.
Carreira, J.E. 2009. An Osteopathic approach to children. Elsevier: Churchill Livingstone.
Cheatum, B.A. and Hammond, A.A. 2000. Physical activities for improving children's learning and behaviour. Illinois: Human Kinetics.
Chopra, D. 2005. Magical beginnings, enchanted lives. London: Ebony Press.
Comparetti, A. M. 1981. Pattern analysis of normal and abnormal development: foetus, new born, the child.
Davies, M. 2008. Movement and Dance in Early Childhood. London: SAGE Publications Ltd.
De Jager, M. 2017. BabyGym – brain and body gym for babies. Cape Town: Metz Press Publishing.
De Jager, M. 2019. Mind Moves – removing barriers to learning. Johannesburg: Mind Moves Institute Publishing.
De Jager, M. 2017. PLAY LEARN GROW. Johannesburg: Mind Moves Institute Publishing.
Eliot. L. 2000. What's going on in there. New York: Bantam books.
Fiorentino, M. 1976. Reflex testing methods for evaluating CNS development.Illinois, USA: Thomas Publisher.
Goddard Blythe S. 2008. What Babies and Children Really Need. Gloucestershire: Hawthorn Press.
Goddard, S. 1996. A teacher's window into the child's mind. Oregon: Fern Ridge Press.

Hannaford, C. 1995. Smart moves. Virginia: Great Ocean Publishers.
Lawlis, F. 2005. THE ADD ANSWER. London: Plume Books.
Levinson, H.N. 2000. The Discovery of Cerebellar Vestibular Syndromes and Therapies. New York: Stonebridge Publishing.
Lombard, A. 2007. Sensory Intelligence. Welgemoed: Metz Press.
Lubbe, W. 2008. Prematurity. Pretoria: Little Steps™.
Macintyre, C. & McVitty, C. 2004. Movement and Learning in the Early Years. London: Paul Chapman Publishing.
MacLean, P.D. 1990. The triune brain in evolution: Role in paleocerebral functions. New York: Plenum Press.
Marieb, E.N. 2000. Essentials of Human Anatomy & Physiology (6th ed). San Francisco: Benjamin/Cummings Science Publishing.
Montagu, A. 1986. Touching the human significance of the skin. New York: Harper & Row Publishers.
Nash Wortham, M. & Hunt, J. 2008. Take time. Stourbridge: Robinsonwood Press.
Nilson, L. 1990. A child is born. London: Transworld Publisher Ltd.
Odent, M. 2001. The scientification of love. London: Free Association Books.
Otte, T. 2005. Pregnancy and Birth. Cape Town: New Holland.
Pert, C. 1999. Molecules of emotions. London: Simon and Schuster.
Pica, R. 2000. Experiences in Movement. Canada: Delmar Thomson Learning.
Pyfer, J. & Johnson, R. 1981. "Factors affecting motor delays." Extract from Adapted physical activity. Eason, Smith & Caron. Illinois: Human Kinesthetics Publishers.
Rogers, C.R. 1983. Freedom to learn for the 80s. Columbus, OH: Charles Merrill.
Sadler, T.W. 2006. Medical Embryology. Maryland: Lippincott, Williams & Wilken.

Sunbeck, D. 1991. Infinity walk. New York: Infinity Press.
Sigelman, C.R. and Rider, E.A. 2003. Lifespan human development. Belmont: Wadsworth.
Verney, T, 1982. The secret life of the unborn child. London: Sphere books.
Visser, M. 2007, Masters study: The impact of crawling on pencil grasp and control, as well as visual perceptual skills in 5 and 6 year old children. Johannesburg: Wits Department of Occupational Therapy.
West, Z. 2006. Babycare before birth. London: Dorling Kindersley.

感谢

感谢所有为我们的观察与研究付出的勇敢的孩子,感谢所有充满爱心、乐于助人的父母。谢谢你们,你们教会了我们很多。

同时,感谢所有的医护人员、老师和其他照料者,感谢你们将自己的时间和精力奉献给他人的成长。向你们致敬!